本书为国家社会科学基金教育学2018年度一般课题"改革开放40年来我国教育学术影响力的大数据实证研究"（BGA180054）的系列成果。

教育研究方法概论
实证视野下的理论与实践

赵志纯　安静　著

中国社会科学出版社

图书在版编目（CIP）数据

教育研究方法概论：实证视野下的理论与实践／赵志纯，安静著．
—北京：中国社会科学出版社，2024.6（2025.2 重印）
ISBN 978 - 7 - 5227 - 3578 - 8

Ⅰ.①教…　Ⅱ.①赵…②安…　Ⅲ.①教育科学—研究方法
Ⅳ.①G40 - 034

中国国家版本馆 CIP 数据核字（2024）第 101525 号

出 版 人　赵剑英
责任编辑　高　歌　夏大勇
责任校对　李　琳
责任印制　戴　宽

出　　　版　中国社会科学出版社
社　　　址　北京鼓楼西大街甲 158 号
邮　　　编　100720
网　　　址　http://www.csspw.cn
发 行 部　010 - 84083685
门 市 部　010 - 84029450
经　　　销　新华书店及其他书店
印　　　刷　北京明恒达印务有限公司
装　　　订　廊坊市广阳区广增装订厂
版　　　次　2024 年 6 月第 1 版
印　　　次　2025 年 2 月第 3 次印刷
开　　　本　710×1000　1/16
印　　　张　13.25
插　　　页　2
字　　　数　205 千字
定　　　价　69.00 元

凡购买中国社会科学出版社图书，如有质量问题请与本社营销中心联系调换
电话：010 - 84083683

谨以此书献给母校——西北师范大学，以及母校教育科学学院的教育科学研究方法方向。该方向由新中国教育科学研究方法的开拓者和奠基人李秉德先生开创，吾等后生晚辈希望能将此方向发扬光大。

前　　言

　　研究方法的探讨在任何一门学科当中都有着极为特殊的重要性，教育学科也不例外。近年来，随着"全国教育实证研究论坛"的连续举办，教育实证研究方法已经越来越成为学界的主流范式。在这一大背景之下，拙作以实证方法为议题展开讨论，以期为教育实证研究的推进抛砖引玉、添砖加瓦。

　　长期以来，对教育研究方法的功用性一直存在着一定的认识误区，为此，拙作首先主要通过一些相关教育研究案例的漫谈，切入对教育研究方法之功用的讨论。通过科尔曼报告、班杜拉教育实验、中国教育追踪调查（CEPS）这三个著名的研究案例，展示了教育研究的功用性所在。与此同时，拙作对教育研究的分类与选题、文献综述问题等进行了探讨，并针对文献引证的规范性，尝试提出了一些拙见。另外，拙作还对质化研究方法进行介绍，对量化研究方法进行了较为详细的讨论。变量是量化实证方法的核心要素之一。据此，拙作围绕变量的获取、测度、分析等多维、立体地展开，还介绍了相对较为复杂的多变量间的结构方程模型分析。最后章节部分，属于拙作的理论总结与展望，既对实证研究的局限性做出了辩证省思，同时也对实证研究的方法发展进行了一定的前瞻展望。

　　总体而言，拙作是敝人长期以来对教育研究方法论的实践应用、体悟反思的阶段性研究成果，试图对我国教育研究中的实证方法做出一种相对连贯与整合的阐述，以期对促进我国教育学科研究方法论的高质量发展有所助益。但由于作者水平有限，拙作难免会有不少疏漏和欠妥之处，敬请各位读者斧正。倘若碰巧能为读者带来些许启发，则深感荣幸！

赵志纯

2024 年 1 月

目　　录

第一章 导论：教育研究漫谈

关于教育研究，前人学辈有一个颇具玩味的观点：教育研究既是一门科学，也是一门艺术。说它是科学，是因为教育学科的知识生产需要建基于理性的精神、科学的方法、严谨的手段。而说它是艺术，则是因为教育学科的知识生产还需要具备感性的情怀、人文的味道、诗和远方的理想。当然，由于篇幅有限，鱼与熊掌往往不可兼得，本书在整体内容上相对侧重于教育研究的科学维度。作为全书的开头章节，就让我们从教育研究的林林总总的漫谈开始。

第一节 研究方法与研究方法论

研究方法与研究方法论是不同的概念，但经常被人们混淆。为此，在教育研究方法的探讨中，有必要首先阐明清楚。

一 研究方法

研究方法与研究方法论虽然仅一字之差，但内涵却不尽相同、各有侧重。这两个概念既有关联，又有区别。如图 1－1 所示，研究方法涉及的是研究活动中具体的技术层面，属于形而下的内容。

研究方法的探讨内容，包括研究过程中所具体使用的技术、手段、路线、程序等。例如，问卷法、实验法、访谈法、观察法等，都属于研究方法。研究方法侧重关注的是具体怎么实施、开展研究，诸如问卷怎么设计更科学、更规范，定量数据用什么适切的统计方法进行分析，访谈中应当注意哪些技巧，等等。

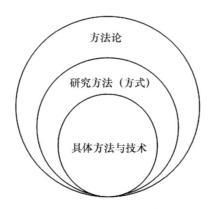

图 1 - 1　研究方法论与研究方法之间的关系

二　研究方法论

研究方法论主要探讨学术研究活动背后的基本假设、基本逻辑等，是关于研究方法的本体探讨、哲学反思，它属于形而上的内容。

换言之，方法论是研究者的学术世界观与学术价值取向，是关于研究活动本身的基本原理、基本指导思想，是研究者对其所采用的研究方法、技术路线、研究开展与实施过程本身的理性认识与反思。一言蔽之，方法论是关于方法的理论和指导思想，任何研究都必须以一定的理论和方法论为指导。

正因如此，谈到研究方法论往往与各种"方法主义"紧密相关，例如，实证主义、后实证主义、历史主义等。北京大学袁方教授对研究方法论主要关注的核心问题进行了富有启发意义的总结，如下列出。①

1. 社会科学能否像自然科学那样客观地认识社会现象？
2. 是否存在客观的社会规律？

---

① 袁方主编：《社会研究方法教程》，北京大学出版社 1997 年版，第 24 页。

3. 应采用何种方法来研究社会现象？

4. 如何判断社会科学知识的真理性？

5. 人的主观因素（如价值观、伦理观）对社会科学研究有什么影响？

总之，研究方法与研究方法论是两个不同的概念，一个合格的研究者不能将二者混淆。另外，出于逻辑上的清晰性考虑，有必要指出的是，本书（乃至市面上大多数的研究方法类书籍）主要侧重的是研究方法而非研究方法论。当然，本书的第一章和第二章中，有一些内容涉及研究方法论的探讨。

第二节 教育研究方法漫谈

一 漫谈之一："写文章"与"做论文"

在包括教育学在内的整个社会科学学术界，有个高频词，叫"写文章"。例如，学者之间常常会说，张三文章写得好，看了李四的几篇文章很受启发，王五最近写了一篇文章，等等。尽管笔者至今已经听了很多年，但始终都不太习惯于这种说法。

笔者认为，文章的核心特征在于其"表达性""抒发性"，也即通过运用语词、字句来达到表词达意之效。据此，文章的特点可以总结如下。

1. 目的多元

可以是抒发个人观点、个人情绪、见闻、感想等。

2. 文体多元

可以是议论文、记叙文、说明文、散文、诗歌等。

3. 无需引证

如果是借用了他人的话语，不必准确地给出出处。

4. 自然语言

主要使用生活化的、自然化的语言，尽可能避免专业术语、概念等。

以上的四个特征，决定了"写文章"是不同于"做论文"的。实际上，"写文章"是一项从小学阶段就已经开始的活动，换言之，小学生就已经开始"写文章"了。那么这里需要认真反思的一个问题在于，作为一名研究者，如果仅仅拿"写文章"来定义自己的专业活动，那这和小学生的"写文章"有何实质性的区别？当然，你也可以回答，在文采上肯定是有区别的，但问题在于，学术研究与"写文章"如果仅仅止步于这种程度的区别怎么能够讲得通呢？

正因为有这种反思，笔者才一直都不习惯"写文章"的概念，而相对更主张"做论文"的说法。与"写文章"相对照，"做论文"主要有以下几个关键特征。

1. 目的单一

"做论文"是为了阐明某个新知是如何被生产出来的。

2. 文体单一

"做论文"的文体非常单一，如果是理论类，则必须包含问题是什么、为什么、怎么办三大块基本内容；如果是实证类，那么行文更是必须严格地包含若干模块，以至于实证论文常常被戏称为"九股文"。对此，有学者指出，实证论文的文体结构必须包括如下九大模块。[①]

（1）题目与摘要。

（2）引言。（问题的提出）

（3）文献综述。

（4）理论框架。

（5）研究方法。

（6）研究结果。

---

① 华南师范大学：《李军教授谈如何用英语写作———一位作者、编辑及评阅人的辛酸史》，2019 年 6 月 28 日，http://gbs.scnu.edu.cn/a/20190628/129.html，2022 年 7 月 4 日。

（7）讨论。

（8）结论。

（9）参考文献/附录等。

3. 规范引证

"做论文"一定是站在巨人肩膀上才能前进的活动，因此，必然要引用前人的研究成果，而这些引用都务必要精准地注明出处，不能如同"写文章"那般随意。

4. 专业语言

"做论文"需要充分依托概念进行逻辑推演，而概念都涉及专业化的术语。

上述对"做论文"做了初步探讨，以下再进行一些本质性的讨论推进。事实上，"做论文"的核心是讲清楚你是如何进行知识生产的。"做论文"是知识生产活动的文本化，所以知识性是"做论文"的核心本质所在。据此，判断"写文章"与"做论文"的根本标准在于看其是否有新的知识提出来。"写文章"是可以无涉知识生产活动的，而"做论文"则必定是与知识生产密切关联的。从这个角度来讲，为什么此处首先要漫谈这个问题，原因就是为了使新生代年轻学人深刻理解即将从事的学术活动的内涵与意义，正确定义自身的学术活动，提升使命感与责任感，做扎实的论文，而非写华丽的文章。

二　漫谈之二：个体的自我意志与社会科学的规律性之间是否存在矛盾

人是具有自我意志的，社会是由这些具有自我意志的个体构成的，那么问题是，具有自我意志的个体所组成的社会是否也像自然界那般存在着齐整的规律性？

在这里，我们举一个人口出生率的例子。众所周知，生小孩的理由都是各种各样的。有的人生小孩是因为自身非常喜欢孩子，有的人生小孩是为了传宗接代"续香火"，也有的人是不小心有了孩子，还有的一小部分人干脆选择成为"丁克"……。另外，从人口出生的时间上来讲，可以去采访一下那些已经生了孩子的父母：为什么是那个时候生孩子？为什么不早一年或者晚一年？为什么不早一个月或者晚一个月？为什么是这个季节生孩子而不选择其他季节？

从上面的人口出生情况来看，无论是个体的生育动机还是生育时机似乎都是高度随机化的事件，那么，如此高度随机的个体行为存在规律可循吗？

此处以中国的人口出生率为例。首先，先给定人口出生率的统计口径，人口出生率是指每年每千人出生的婴儿数，以公式来表示即：人口出生率 = （年内出生人数/年内总人口数）×1000‰。中国的人口出生率如下表 1－1 所示，从历年数据可以看出，表面上高度随机化的个人行为，实际上存在高度的规律性。

表 1－1　　　　　　　中国人口出生率（1980—2019）　　　　（单位:‰）

20 世纪 80 年代		20 世纪 90 年代		21 世纪头十年		21 世纪第二个十年	
1980	18.2	1990	21.1	2000	14.0	2010	11.9
1981	20.9	1991	19.7	2001	13.4	2011	11.9
1982	22.3	1992	18.2	2002	12.9	2012	12.1
1983	20.2	1993	18.1	2003	12.4	2013	12.1
1984	19.9	1994	17.7	2004	12.3	2014	12.4
1985	21.0	1995	17.1	2005	12.4	2015	12.1
1986	22.4	1996	17.0	2006	12.1	2016	13.0
1987	23.3	1997	16.6	2007	12.1	2017	12.4
1988	22.4	1998	15.6	2008	12.1	2018	11.0
1989	21.6	1999	14.6	2009	12.0	2019	10.5

上述使用中国人口出生率的例子，实际上存在着方法上的缺陷，当然，笔者此处是有意"挖坑"，目的主要是想考一考读者的批判洞察力。你可能已经意识到了，过去的几十年当中，为了提高人口质量，降低人口基数，中国实施了科学的"计划生育"政策，在这一政策框架

下，人口出生率体现出高度的规律性或许不足为奇，似乎不能证明具有自由意志的行动个体却很大程度上服从高度齐整的规律性的行为。那么，下面再来看一看美国的人口出生率情况。

美国没有实施过"计划生育"政策，就美国的人口出生率而言，如表1−2所示。美国的历年数据再次证明，表面上似乎是高度随机化的个体自由意志行为，实际上服从高度的规律性。以上例子告诉我们，实际上人们行动的规律性要远远超乎我们的想象，在社会科学研究中，"集体规律相当惊人"[①]。何谓"不以人的意志为转移"，笔者以为，这或许就是对马克思主义哲学信条的诠释之一。

表1−2　　　　　美国人口出生率（1980—2019）　　　　（单位:‰）

20世纪80年代		20世纪90年代		21世纪头十年		21世纪第二个十年	
1980	16.0	1990	16.7	2000	14.4	2010	13.0
1981	15.8	1991	16.2	2001	14.1	2011	12.7
1982	15.9	1992	15.8	2002	14.0	2012	12.6
1983	15.6	1993	15.4	2003	14.1	2013	12.4
1984	15.6	1994	15.0	2004	14.0	2014	12.5
1985	15.8	1995	14.6	2005	14.0	2015	12.4
1986	15.6	1996	14.4	2006	14.3	2016	12.2
1987	15.7	1997	14.2	2007	14.3	2017	11.8
1988	16.0	1998	14.3	2008	14.0	2018	11.6
1989	16.4	1999	14.2	2009	13.5	2019	—

三　漫谈之三：教育研究是否真的有用？——从几项著名的教育研究项目说起

（一）科尔曼报告

1964年，美国社会资本理论学者詹姆斯·科尔曼教授带领一个研究小组收集了美国各地约4000所学校60万学生的数据。这是当时美国

---

① ［美］艾尔·巴比：《社会研究方法》，邱泽奇译，华夏出版社2005年版，第15页。

教育领域所做的最大规模的调研。其后，科尔曼团队对这些调研材料进行了深入分析，于 1966 年向国会递交了《关于教育机会平等》（*Equality of Educational Opportunity*）的报告，这就是美国社会学史和教育史上著名的《科尔曼报告》。近年来，《科尔曼报告》的内地中文版本已经由华东师范大学组织翻译出版。

《科尔曼报告》向人们揭示出，美国社会中的教育不平等问题十分突出，其公立学校体系中存在着广泛而严重的种族隔离、阶层区隔等不平等现象。其中，白人的隔离排他性最强，"在所有 1 年级到 12 年级的白人小学生中，有将近 80% 是在白人学生比例高达 90% 到 100% 的学校就读"[①]。

作为一项超大规模的教育研究项目，科尔曼团队项目的最大意义在于，它是教育公平研究领域的重要里程碑。当然，不能说在它之前不存在有关教育公平的研究，但是像科尔曼团队这样，对教育公平问题进行如此广泛而深入研究并推动教育学界持续加以关注此问题的，还不多见。因此，可以说科尔曼团队项目，在教育研究（教育调查）推动人们关注与反思教育实践方面，树立了良好的典范。

（二）班杜拉的教育实验

阿尔伯特·班杜拉是美国当代著名的教育心理学家，社会认知理论的创始人。社会认知理论、观察学习的核心是榜样学习，为此，班杜拉专门设计了一项著名的"波波玩偶"教育实验予以证明。[②]

实验被试是斯坦福大学附属幼儿园选出的 72 名儿童，其中，36 名男孩、36 名女孩，年龄在 3—6 岁，平均年龄为 4 岁零 4 个月。在实验过程中，这些儿童被分成 8 组分别实施不同的实验对比。孩子们被带到了游戏室，在那里成人会分组展示不同的动作，在非攻击性一组中，成人会加入孩子们的游戏，但是攻击性一组中，成人会持续地攻击游戏室

---

① ［美］詹姆斯·S.科尔曼：《科尔曼报告》，汪幼枫译，华东师范大学出版社 2019 年版，第 3 页。

② 该实验的视频录像链接可以登录相关网站了解：https：//www.bilibili.com/video/av51378532/。

里的波波玩偶。成人会将波波玩偶按倒在地，猛烈地袭击它的鼻子，甚至用锤子敲打它的头部，除了行为上的攻击，成人还不停地运用语言攻击。10 分钟过后，所有的孩子们都被带到了另一个房间，这间房子里有一些"非攻击性物品"，比如蜡笔、纸张，也有"攻击性物品"锤子、剪刀等，当然也少不了波波玩偶。在这之后，孩子们随意地玩了20 分钟，班杜拉就躲在镜子后面观察，果然被班杜拉料到，没有成人在场时，攻击性组的小孩会模仿他们所看到的行为，而男孩比女孩的攻击力更强，也更加频繁。但是非攻击组的孩子的攻击性行为就明显低很多。

教育研究是否真的有用？班杜拉通过教育实验也向我们给出了肯定的答案。榜样的力量，这本来说是一个众所周知、不言而喻、老生常谈的问题，但是班杜拉却把这种随地可见的现象"捡了起来"，并通过实验证据的支撑，发展出了社会认知理论。班杜拉的教育实验精神、科学精神是值得称道的。但是，也存在着一定的问题，后文将予以讨论，此处暂略。

（三）中国教育追踪调查

在全球各国的教育研究努力大潮中，中国教育研究也一直在积极行动，"中国教育追踪调查"项目即是近年来颇具影响力的一例。中国教育追踪调查（China Education Panel Survey，CEPS）是由中国人民大学中国调查与数据中心（NSRC）设计与实施的大型追踪调查项目。[①]

该项目始于 2013 年，采用分层概率抽样方法（PPS），样本覆盖全国 28 个县级单位（县、区、市），参与调查的学校共计 112 所，班级共计 438 个，调查对象包括学生、家长、教师、学校负责人。CEPS 是目前教育领域中最具全国代表性的数据资料之一。目前，已向全社会公开开放基线调查数据（2013—2014 学年）、追访数据（2014—2015 学年）。

基于已发表可查的所有文献检索结果，截至 2020 年 12 月，使用

---

① 中国人民大学中国调查与数据中心：《中国教育追踪调查（CEPS）》，2022 年 6 月 27 日，http://ceps.ruc.edu.cn/，2022 年 7 月 4 日。

CEPS 数据共发表学术期刊论文 347 篇，其中中文期刊论文 244 篇，英文期刊论文 103 篇。使用 CEPS 数据撰写的硕士、博士学位论文共计 33 篇。在这里，教育研究是否真的有用？它能干什么？CEPS 或许也给了我们一个掷地有声的答案。

第三节　社会科学研究中的伦理原则与学术道德

无论自然科学，还是包括教育学在内的社会科学，都必须要绝对严格地遵守学术活动中的伦理原则与学术道德。原因在于："科技伦理所秉持的基本原则是增进人类福祉、尊重生命权利、坚持公平公正、合理控制风险、保持公开透明。这既是当今科技伦理治理的核心，也是不可逾越的道德底线，更是科技工作者必须内化为良心的根本价值。在这些核心价值中，保障人类安全是基础。"[①]

当然，"科技伦理治理"通常也被狭窄地理解为对自然科学研究和技术开发的伦理治理。但有学者却指出："对于加强科技伦理治理，社会科学同样不能缺席。"[②] 教育学作为一门社会科学的分支学科，因此也必须严守学术伦理道德的红线。具体的学术伦理与道德原则主要有以下几点。

一　自愿参与原则

在实际的研究过程中，尤其是在实证研究当中，我们需要与被调查者之间进行互动，以此来了解信息、收集数据。我们常常需要邀请被调查者参与实验、参加问卷调查，或者需要与他们进行面对面的访谈等等。但在这个过程中，有一条基本的逻辑假设与原则：所有参与我们研究的人员都是出于自愿的。换言之，绝对不能强迫任何人来参

---

① 姚新中：《科技伦理治理三论》，《中国社会科学报》2022 年 6 月 14 日第 2 版。
② 王飞：《社会科学不能缺席科技伦理治理》，《中国社会科学报》2022 年 5 月 17 日第 8 版。

与研究。

从这条原则出发来认真思考一下，他人如果不愿参与研究，那是他们应有的权利，实属正常不过之事，我们再另寻出路、另找他人；他人如果愿意参与我们的研究，那是意外的惊喜，更应当好好尊重、珍惜与感激。基于此，笔者建议，在论文成文之时，文中应当明确地对所有研究的参与者致以诚挚的谢意。

二 对参与者无害原则

对参与者无害原则是一条非常不容易把握的红线，不仅仅是初学者容易出现问题，即便是较为专业资深的研究者稍不小心也容易在这里出现问题。在本章中提到的班杜拉"波波玩偶"教育实验，尽管其科学实验精神有值得称道之处，但是班杜拉作为一名资深的专业研究人员，却因为思想上不重视而未能严格恪守"对参与者无害"原则。

在"波波玩偶"实验中，班杜拉让几十名幼儿观看了这个年纪本不该观看的大量暴力镜头，对这些孩子的身心发展造成了难以估量的负面影响，这是严重违反学术道德与学术伦理的错误行为，对此应当予以严厉地谴责。

无独有偶，除教育实验设计不当会"踩雷"外，教育问卷调查设计不当也会触犯学术伦理红线。2021 年 11 月，上海长宁区多所中小学组织学生参与填写一项心理健康调查问卷，但是很快就遭到了许多家长的投诉，最后，长宁区教育局勒令停止了该问卷调查，并向公众诚恳致歉。① 据家长们反映，问卷中有很多过于负面的题项（以下列举一二）。

> 最近一周，你已着手写自杀遗言了吗?
> 最近一周，你是否有预计要结束自己的生命而抓紧处理一些事

---

① 中国经济周刊：《妈妈群疯了! 上海小学心理健康调研惊现"自杀科普"》，2021 年 11 月 23 日，https://baijiahao.baidu.com/s? id=1717206599268256319&wfr=spider&for=pc，2022 年 7 月 6 日。

情？如买保险或准备遗嘱。

你最近一周主动尝试自杀的愿望程度如何？

最忧郁的时候，为了自杀，你的准备行动完成得怎么样了？

……

或许这个研究的初衷是好的，是为了促进学生的心理健康，但是正如大家看到的内容，这个问卷题项过于消极负面，尤其是对于正值青少年时期的被调查者，在填答时会受到"白熊效应"的影响，会产生不可估量的负向刺激。这个例子再一次向我们警示，在研究设计上，一定要认真考量"对参与者无害"原则，严守学术伦理红线。任何人、任何时候都不能打着科学实验或科学精神的旗号，触犯学术伦理底线。

三 保护个人信息原则

我们都知道，律师、医生等在其职业操守中有一个重要的规定，即不能随便把当事人或患者的个人信息透露给无关的第三方人员。而对于从事学术研究活动的个体来讲，也有着同样的行动准则的约束。在实证研究过程中，常常会收集研究参与者的许多个人背景信息变量（如性别、年龄、收入、家庭情况、受教育程度等）用于统计分析。这些个人背景信息有的是匿名的，例如，问卷调查大多数情况下是无记名的。有的则出于研究需要，不得不收集个人真实姓名，例如，追踪调查中，由于要匹配个体的前后数据，因此需要收集姓名等用于精准匹配识别。另外，访谈互动，也不太可能是匿名的。总之，在研究过程中收集获取的任何研究参与者的任何信息资料，都不能未经许可随意透露给研究团队之外的第三方。

事实上，《中华人民共和国个人信息保护法》已于2021年8月由全国人民代表大会常务委员会审议通过，并已于2021年11月1日起正式实施。① 另外，《中华人民共和国统计法》第三章第二十五条也明确规

---

① 中华人民共和国海关总署科技发展司：《中华人民共和国个人信息保护法》，2022年3月30日，http://www.customs.gov.cn/kjs/zcfg73/4265285/index.html，2022年7月9日。

定："统计调查中获得的能够识别或者推断单个统计调查对象身份的资料，任何单位和个人不得对外提供、泄露，不得用于统计以外的目的。"①

由此可见，在当代中国，对个人信息的保护已经提升到了前所未有的法律高度，因此，作为一名合格的研究人员，在研究过程中，具备高度的个人信息保护意识，充分保护好研究参与者的个人信息，这既是严谨恪守学术伦理的重要体现，也是新时代守法守纪的必然要求。

四　知情权原则

知情权原则在学术研究活动中，主要是指研究参与者对于自己被采集的信息，应当明确地被告知其使用目的、应用场景等，而且由于是研究参与者，他们有权利了解研究目的、研究结果等。

当然，在很多时候，为了减少心理暗示效应、污染研究效度，在研究伊始，可以不必明确地告诉研究参与者实验设计或者问卷目的究竟是什么，但是事后则一定需要明确地把实验设计与目的或问卷目的、研究结果等如实地反馈给研究参与者，以此来充分保障他们的知情权。

五　署名伦理与引用道德

在研究成果撰写成文的时候，如果是团队集体合作研究，往往会涉及署名次序问题。应该按照对论文成果的贡献程度大小进行署名顺序的先后分配。此处需要提醒一点，对于一些初学者，有时候会在其指导老师不知情的情况下，擅自署上指导老师的名字，这是一种既不严谨也违反署名伦理的不当做法，应当避免。

另外，在学术论文的撰写过程中，必然会涉及对他人文献引用引证的问题。对于在文中所有引用过的文献，都需要在相应的位置明确无误地注明出处。总之，遵循"凡引用、必列出"的原则，有多少就要列

---

① 国家统计局政法司：《中华人民共和国统计法》，2009 年 6 月 29 日，http://www.stats.gov.cn/zjtj/tjfg/tjfl/200906/t20090629_ 8791.html，2022 年 7 月 9 日。

出多少，一个都不能少。在这方面，有位学者为我们树立了令人印象十分深刻的典范，他在写一本书的序言中竟然也严谨地列出了每篇引用文献。① 这种对引用规则的严格恪守，的确值得每一位研究者学习。

---

① ［美］赵志裕、康萤仪：《文化社会心理学》，刘爽译，中国人民大学出版社 2011 年版，第 1 页。

第二章　教育研究的类型与选题

在进行了第一章的教育漫谈之后，本章开始正式学习如何有效地开展教育研究活动。教育研究活动始于选题，选题看似简单容易，实则有很多需要注意的地方。本章将首先对教育研究类型的划分做出阐述，然后在此基础上讨论研究选题，另外，还将结合一些好的选题范例进一步探讨什么是好的和有意义的选题。

第一节　教育研究类型的划分

在讲与研究选题直接有关的内容之前，有必要先来探讨一下教育研究类型的划分问题，因为这一问题与研究选题有间接的关系。只有较为清晰地制定了一个研究类型的总体框架，才能思路更加清晰地进行选题。

对事物进行划分，通常是需要某种逻辑上的依据。换言之，依据逻辑上的不同参照系，可以对同一事物做出多种可能的划分。教育研究也不例外，依据不同的标准，可以对教育研究类型做出如下多维度的划分。

一　按资料的存在形式来划分

在教育研究活动中，必然要收集资料，可以说，一切教育研究活动都是在资料的基础上开展的，教育研究不是空想空谈活动，不可能在不占有任何资料的前提下开展。

研究资料主要有两种基本的存在形式，其一是量态形式，其二是质态形式。所谓量态形式，主要是指那些以数量化、数字特征形式展现出来的资料，通常是量化的、高度格式化的数据。所谓质态形式，主要是指那些以文字、图片等非数量化、非数字特征形式的资料，通常是不规整的、非格式化的文本。

在资料上倚重量态形式，侧重对数据进行定量分析的研究，称之为量化研究，也叫定量研究。教育实验或问卷调查即是采集量态数据，进行量化研究的常见典范。相应地，在资料上倚重质态形式，侧重对言语、文字、图片等文本进行解读的研究，称为质化研究，也叫质性研究。访谈法和观察法即是收集质态文本、进行质化研究的典型方法。

总结而言，根据研究资料的存在形式不同，可以分为两类研究，一类是量化研究，另一类是质化研究。量化研究侧重数据分析；质化研究可以侧重数据分析，也可以侧重文本解读。

二　按学术取向来划分

根据研究者不同的取向与旨趣，包括教育学在内的社会科学可以划分为两大类主要的学术取向，一类是经验证据取向，另一类是理论思辨取向。相应地，根据这两种不同的学术取向，可以把教育研究划分为两个类型，一类是经验循证研究，另一类是理论思辨研究。

（一）经验循证研究

经验循证研究主要侧重对实地征集到的资料进行分析、解读等。其本土脉络可追溯至清代的朴学——又称乾嘉学派。朴学是以对中国古代社会历史各个方面的考据为主要治学方法的学术思潮，这种学术思潮倡导朴实简洁，强调"实事求是""博瞻贯通""无征不信"。无论是治经，或是研史，都注重证据。[①]其西洋脉络主要源于英国的经验主义，而后在美国又与实用主义汇流，最终形成了英美系经验循证研究的学术

---

① 赵志纯、安静：《我国实证范式的缘起、本土特征及其之于教育研究的意义——兼论中西实证范式脉络的异同》，《全球教育展望》2018 年第 8 期。

取向。

经验循证研究的优点在于其学风务实，有一套具体的、可操作的技术体系，能够实事求是地搞清楚很多实际问题，能够实证或证伪一些命题从而得出较为明确的结论，等等。但是，经验循证研究的不足在于其知识生产的碎片化，也即虽然能够产生大量的实际的知识，但这些知识往往是零散与碎片化的，并不能自动、自发地生成宏观的理论知识。当然，这里需要澄清，并不是说经验循证研究与理论无涉，事实上，笔者在已有的研究中已经论证指出，经验循证研究必须要有"理论关怀"才能真正有意义。[①]

总结而言，经验循证研究强调的是对实地征集到的资料展开分析、得出结论。经验循证研究的旨趣是"到那里"。所谓"'到那里'就是到研究现象呈现的场域中，运用已经掌握的理论与方法做研究"[②]。经验循证研究要"到那里"去实地征集资料，这种资料可以是量化资料，也可以是质化资料。当然，经过允许后，合理合法地使用第三方提供的"到那里"实地征集到的数据（例如使用中国人民大学提供的 CEPS 数据），也属于经验循证研究的一种途径。[③]

（二）理论思辨研究

还有另一大类研究被称为理论思辨研究，主要是基于当前现有的各种成书、成文的成果性资料，展开深度的、统合性的、整全性的理性思考，通过思辨加工、逻辑推演与延展等，进而论证并形成观点。理论思辨研究的本土脉络，主要是源自中国古代的策论传统。其西洋脉络则主要是循着古希腊柏拉图的理念论、亚里士多德的沉思说、近代笛卡尔的

---

① 安静、赵志纯：《教育实证研究中的数字游戏现象省思——兼论理论关怀及其基点性与归宿性》，《当代教育科学》2020 年第 10 期。

② 王鉴：《课堂研究概论》，人民教育出版社 2007 年版，第 9—11 页。

③ 经验循证研究与理论思辨研究所使用的资料性质有显著的区别。根据资料的加工成熟度不同，可以把资料划分为原初性资料与成果性资料两大类。原初性资料可以是自己实地征集，也可以是第三方实地征集后提供给我们（例如 CEPS）。各种官方数据库、民间调研数据等都属于典型的原初性资料。在这些原初性资料的基础上展开分析、得出结论的研究，就属于经验循证研究。成果性资料是指那些已经成文、成书的结论性很高的资料，在这些资料的基础上开展统合性的、整全性的理性思考，进而论证形成观点，即为理论思辨研究。

理性主义传统的车辙一路而来，具有欧陆哲学注重抽象理性思考的学术气质与传统。

理论思辨研究并不强调"到那里"去实地征集资料。当然，这里也需要指出的是，理论思辨研究虽然不强调"到那里"，但并不等于它就无视或排斥经验的内容与成分。事实上，理论思辨研究中不可能不包含经验的成分。我们都知道，存在决定意识，所以，社会科学中任何的理论思考都不可能脱离现实经验材料而进行。只不过，理论思辨研究的旨趣决定了它把更多的注意力放在概念的内涵与外延、命题及其推理、现象背后的本体等方面。老一辈学者胡德海先生的《教育学原理》即是教育理论思辨研究的一部扛鼎之作。

总之，理论思辨研究具有构建宏大理论知识体系的潜质，尤其是在我国当前加快构建中国特色哲学社会科学学科体系、学术体系、话语体系的新时代背景下，更是有其自身独特的意义与价值。因此，当前学术界在加强经验循证研究的同时，绝不能忽视甚至贬抑理论思辨研究。

当然，对于包括教育学在内的社会科学的初学者而言，先从经验循证研究着手入门，未尝不是一个好的路径选择。原因在于，相较于经验循证研究有着一套明确的、具体的、操作性较强的方法技术体系，理论思辨研究的方法具体性与可操作性较弱，不易上手。由于在本质上是一种具有高度统合性的、抽象性的、整全性的深度思考，因此，需要个体在拥有长时间的专业经验与学术积累后才能有效开展。出于这种考虑，笔者建议研究方法的学习者应当先从经验循证研究入门，待他日逐渐具备了较为丰富的专业经验与学术积累后，再考虑进行理论思辨研究。

三　按范式来划分

"范式"一词是科学哲学史家托马斯·库恩在其经典著作《科学革命的结构》一书中提出的重要概念。它是指"一个特定共同体的成员所共有的信念、价值、技术等等构成的整体"[①]。笔者认为，通俗地讲，

---

① ［美］托马斯·库恩：《科学革命的结构》，金吾伦、胡新和译，北京大学出版社2004年版，第157页。

范式就是具有同一类共性特征的研究风格与学术思维。从根本上讲，范式选择取决于研究者对世界的本体不同的预设。

（一）实证范式（后实证范式）

实证范式是最为常见的一种社会科学研究范式，与上文提到的经验循证研究基本是等同的概念。但是，有关实证范式的概念也存在着一定的误区需要澄清。实际上，实证范式有狭义与广义之分。

实证范式常常被等同于量化研究，这即是对实证范式狭义的理解。实证范式主要倚重于量化资料，以至于人们将它等同于量化研究。近几十年来，不少学者也对实证范式过度倚重量化资料的问题进行了批评。批评者主要认为，社会科学的研究对象是由复杂的人构成的，因此不能过度化约为空洞浅显的数字。正是置身于这种批评与反思之中，过度倚重量化资料的实证范式（主要是通过实验、问卷等方式来收集量态数据）也尝试着引入了质化研究的手段——通过田野观察、深度访谈等人类学方法收集质态资料。这就是实证范式从狭义拓展为广义即后实证范式的由来。

另外，实证范式还有一个重要特点在于，强调研究中的价值中立原则。实证范式预设认为，个体与世界的边界是清晰而明确的，因此，实证研究不仅能够做到"主""客"二分，而且必须秉持价值中立原则，"客观"地开展研究。

总结而言，传统的实证范式过度倚重量化研究的范式，是狭义层面上的实证范式。而如今的实证范式在内涵上已经悄然发生了变化，是广义层面上的实证范式，它其实是指以量化研究为主，辅之以质化研究的混合范式，也称之为后实证范式。因此，我们在使用实证范式一词时，需要搞清楚自己究竟是在狭义还是在广义层面上使用本词。本书的后文中，都是在广义层面上使用实证范式的。另外，需要谨记，实证范式要求秉持价值中立原则。

（二）诠释范式

上文提到的经验循证研究以及实证范式，它们的着眼点在于寻求证据；上文还提到的理论思辨研究，其着眼点在于论证。综合下来，它们的重点都在于求"证"。但并非所有的研究都意在求"证"。诠释范式、批判范式即属于非求"证"性的范式。

诠释范式是以诠释学为理论基础的学术范式。"诠释"最早出自唐代独孤及的《策贤良问》，该文写道："厥意如何，伫问诠释。"诠释的中文意蕴，是指对事物的一种理解方式，或者是用心去感受事物的一种方法。诠释范式主要采用文化人类学的视角与方法，因此，田野观察、访谈等质化方法是其常用的技术手段。这里关于观察法、访谈法等质化方法就又产生了一个误区。

在广义的实证范式（后实证范式）中也融合进了质化方法，而诠释范式更是以质化方法为依托，这里就产生了关于质化方法上的困惑。实际上，依据质化方法的使用目的的不同，可以把质化研究划分为两类，如图2-1所示。一类是实证质化研究，另一类是诠释质化研究。二者虽然都含有质化研究的成分，但它们的使用目的根本不同，在研究活动中的侧重点也是不同的。

	量化研究	质化研究
实证范式	√	√
诠释范式	×	√

图2-1 两类不同的质化研究
注："×"表示"不可能"；"√"表示"可能"。

实证质化研究仍然追求的是"证"，尽管它也使用田野观察、访谈等方法，但其目的是把这些质化材料尽可能地转化为高度格式化的量态数据。因此，观察到的行为频次，访谈对话中的词频分析等是其关注的重点，其最终的目的还是数据资料的分析与循证而非文本解读。

诠释质化研究则不同，它的目的不在于求"证"，而在于理解某种文本情境。首先需要指出，在我们的常识中，文本是拿纸笔书写下来的文字材料，但诠释学中的文本属于更为广义上的文本，不仅仅是用文字书写的白纸黑字才叫文本。

在诠释学看来，任何事物、事件都是一种广义的文本，这种广义的文本具有情境和脉络，而诠释学的目的就是要充分了解与把握事物的来龙去脉，在此基础上，才能真正做到结合上下文具体的、整体的文本情境，来解读与理解某一段特定的文本情境，以避免因断章取义、一叶障目而产生的误解与偏颇。北京大学陈向明教授的论文《王小刚为什么不上学了——一位辍学生的个案调查》①，就是在教育学界运用诠释范式进行研究的一个学术典范。

另外，显而易见，与实证范式的价值中立原则根本相反，诠释范式强调价值介入。在诠释范式中，由于根本目的是寻求对文本的将心比心、设身处地的理解，因此，研究者在这一过程中需要有很强烈的价值介入和情感代入，不可能像实证范式那样恪守价值中立原则，不可能"客观"地研究文本，而是需要基于自己的生活常识、人生经验、专业素养，把三者融合起来，充分运用"主观"，理解和解读文本。

总结而言，诠释范式的目的，不是建基于文本上的循证，而是通过深度解读文本，达致内心深处对被研究事件或被研究者的理解与尊重。通过整体的情境与脉络去诠释特定的文本情境，在这一过程中，某一看似孤立的特定文本情境得到了充分的理解。诠释范式要求在研究活动中有强烈的价值介入。

（三）批判范式

实证范式强调数据资料的分析循证，诠释范式强调文本情境的解读理解。虽然二者的出发点与侧重点各有不同，但共性上它们都带有功能主义的色彩。② 功能主义强调对现存结构与秩序在功能上的维护，因而研究的重心聚焦于相对静态的结构性剖面，相对忽视社会冲突，不能合

---

① 陈向明：《王小刚为什么不上学了——一位辍学生的个案调查》，《教育研究与实验》1996 年第 1 期。

② 功能主义是社会宏观理论的一个重要流派，由英国的斯宾塞首提并做了重要论述，法国的涂尔干也深受此思想影响，美国的帕森斯则是此思想流派的集大成者。功能主义认为，社会是一个复杂系统。根据这种思路，社会学（社会科学）应该研究社会各组成部分（子系统）相互间的关系，以及这些部分与社会整体的关系。功能主义有其强大的理论解释力，对指导当代社会科学研究具有重要的理论视角支撑意义，但是也应当辩证地意识到，功能主义的问题在于，它过度强调社会整合，而忽视社会冲突，不能合理地解释社会变迁。

理地解释社会的动态变迁。基于此，需要将目光转向"社会科学中的第三种传统"①——批判范式，它在实证范式和诠释范式之外有着独到的学术视角与思维方式。

批判范式在理论视角上非常强调对阶级属性与冲突的考察，强调阶级分析的方法，凸显"谁的"问题（例如，"谁的"教育学，"谁的"研究方法）。从学术脉络上讲，批判范式继承的是马克思主义的思想遗产，此外，以哈贝马斯为首的德国法兰克福学派也对批判范式做出了积极贡献。而在教育学领域，批判范式的代表作则是《被压迫者教育学》②。

总之，批判范式强调运用批判理论与视角（主要是阶级分析），通过批判的研究方法进行社会科学研究与分析，这种范式视角与实证范式、诠释范式是所有不同的，填充了前两种范式的视角"盲区"，有助于推进对教育现象的深度反思、改进教育实践。

四　按研究对象来划分

按照研究对象来划分，主要可以分为关于人的研究、关于物的研究两类。

（一）关于人的研究

教育活动中的"人"，主要存在着四类不同的群体，分别是学生、教师、家长、校长。当然，在教育活动中还可能存在着其他类型的群体，但这四类人群是最关键的。研究在考虑选题时，可以从这四类人群着手，从而形成学生研究、教师研究、家长研究、校长研究。当然，还可以研究这四大类群体系统之间的关系，例如，近年来家校合作、师生互动等都是研究的热点问题。

（二）关于物的研究

此处的"物"主要是广义上而言的，既包括实物也包括制度。因此，教育活动中的"物"，包括教育制度与系统、教材与课标、校训与

---

① ［英］吉尔德·德兰逖：《社会科学：超越建构论和实在论》，张茂元译，吉林人民出版社 2005 年版，第 60 页。

② ［巴西］弗莱雷：《被压迫者教育学》，顾建新等译，华东师范大学出版社 2001 年版。

标语，等等。教育研究在选题时，也可以考虑从这些"物"着眼。特别值得一提的是，近些年，随着人工智能在教育活动中的大量介入，这就为研究教育活动中的"物"提供了新的视角与思路。

五　按研究目的来划分

按研究目的的不同，学术研究可以划分描述性研究、解释性研究两类。"是什么""为什么""怎么办"，这是我们思考任何问题的三个完整要素。

（一）描述性研究

描述性研究的主要目的是首先搞清楚客观事实"是什么"，它是"为什么""怎么办"的基本前提，频次统计、百分比等是描述性研究常常使用的方法。

面对复杂多变的教育现象，要搞清楚客观事实的实情、实况，就需要依托问卷调查、观察访谈等实证范式，搞清楚现状，用事实与证据说话，以避免停留在"跟着感觉走"的状态上。很多公开出版发布的各种有关教育方面的蓝皮书（如《中国教育发展报告》《中国教育政策蓝皮书》等），都是描述性研究的典型范例。

（二）解释性研究

解释性研究的主要目的是搞清楚产生现象的作用机制，即"为什么"，传统的回归模型、近年来的结构方程模型等是其常常使用的技术方法。如果从自变量与因变量的角度来看，描述性研究里面只涉及自变量，而没有因变量，解释性研究则同时包含自变量和因变量，解释性研究需要探讨自变量是如何作用于因变量的。

例如，父母的婚姻和谐为什么会影响孩子的学业成就？其具体的作用机制是什么？这就是一个典型的解释性研究需要回答的问题。笔者的一项研究发现（如图2-2所示），父母的婚姻和谐是通过作用于子女的情绪状态，进而作用于子女的学习态度，最终影响子女的学业成就。

需要指出的是，在描述性研究（"是什么"）、解释性研究（"为什么"）之外，有的学者还认为存在第三类干预性研究（"怎么办"）。这

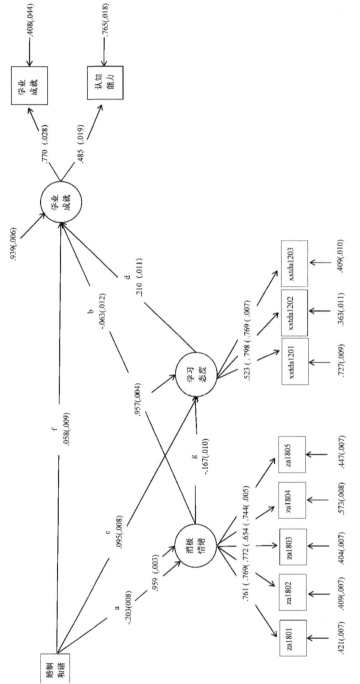

图 2 - 2 父母婚姻和谐对子女学业成就的链式中介效应

种观点值得商榷。实际上,无论是描述性研究还是解释性研究都隐含了一种根本目的,即在于寻求干预与对策,搞清楚了"是什么"和"为什么","怎么办"也就水到渠成了,因此,并不需要额外的"怎么办"式的研究。另外,在学术论文的写作结构当中,无论是描述性研究还是解释性研究,在文中也都必须在描述或解释的基础上提出对策。因此,"怎么办"式的研究是寓于描述性研究或解释性研究之中的。

六 按时间轴来划分

（一）横截面研究

按时间上是否具有历时性来划分,可以分为横截面研究、纵向研究两类。横截面研究也叫横剖面研究,其关键特征在于,分析使用的数据资料是在同一个时段周期内获取的。

横截面研究在研究设计时不考虑历时性,也即不涉及时间变量。横截面研究在实际的研究活动中非常普遍,例如,做一次问卷调查所收集到的数据,做一次教育实验采集的实验数据,这些研究活动,如果只是单次的设计,分析单次的数据资料,那么在性质上都属于横截面研究。

（二）纵向研究

纵向研究是指加入了时间变量,在时间上带有追踪性质的一类研究。这种研究在探讨变量的动态变迁,个体的历时性发展等方面具有无可替代的优势。

根据研究的需要,纵向研究在追踪数据的时间跨度上,短的可以是几天、几个月,长的可以达到几十年,甚至更长。前文提到的中国教育追踪调查（CEPS）即是纵向研究的一例典范。

CEPS 的纵向追踪周期设计为 30 年,将"在初中阶段逐年进行追踪调查,计划在学生初中毕业后的第 1 年、第 3 年、第 4 年、第 7 年、第 8 年、第 17 年、第 27 年进行追踪调查,整个调查周期长达 30 年,并计划第 10 年新起一个从 7 年级开始的同期群"[1]。

---

[1] 中国人民大学中国调查与数据中心:《中国教育追踪调查（CEPS）》,2022 年 6 月 27 日,http://ceps.ruc.edu.cn/xmjs/xmgk.htm,2022 年 7 月 20 日。

由此可见，纵向研究由于需要一定的（有时甚至是相当长的）时间周期，因而此类研究相对费时费力，初学者不宜选用这种类型的研究。

第二节　如何寻找论题

在充分地阐述了教育研究的各种类型划分之后，再来讨论研究选题的问题时，思路与定位将会更加清晰。好的选题犹如大海捞针，但其实不尽然，它仍然是有一些基本思路可循的，研究选题主要应当从以下几个方面切入。

一　从研究类型与方法切入

上文已经探讨了不同的研究类型划分，大家可以体会到，实际上这些不同类型的研究划分是与不同的方法路径与技术路线紧密挂钩的。因此，研究选题的重要考量要素之一即在于选取自己擅长与偏好的研究方法与类型范围内的论题，切忌勉为其难。

这里就引出了一个长期令人困惑的选题方面的话题：究竟是应该拿着问题找方法，还是应该拿着方法找问题？从理想的状态来讲，笔者完全赞同前者。按常理来说，人们遇到了问题，然后再去找相应的解决办法，这是最正常不过的逻辑。因此，在不考虑其他因素的前提下，笔者非常赞同拿着问题找方法的选题思路。

但是，从实际的情况出发，笔者则更赞同后者。原因在于，学术研究活动是一种高度专业化的特殊实践，每一个入行做研究的合格行动者都受过长期的学术训练，在这种长期的学术训练与成长当中，个体会结合自身的兴趣与经验等，逐渐形成研究方法与类型上的偏好。因此，在研究选题方面，首先考虑将那些自己在方法与类型上擅长与偏好的半径区域内的论题纳入选题清单，这是一种稳妥可行的做法。正所谓"没有金刚钻，不揽瓷器活"。用在这里，也是比较贴切的。

二　从自身的兴趣切入

都常说兴趣就是最好的老师，因此，在研究选题的寻觅过程中，根据自身的兴趣发现想要研究的问题可说是一个非常好的思路。我们结合自身的兴趣，在教育实践场域中细心观察体认，最终确定研究选题。当然，这里仍然需要提醒的一点是，从兴趣入手固然值得提倡，但也不能过于"任性"，最终还是要把"我想干什么"和"我能干什么"的关系辩证地考虑好。

三　从阅读文献切入

从阅读高质量的文献来考虑选题也是常用的一种切入手段。这里的高质量文献，既可以是经典的著作，也可以是核心学术期刊上的论文。如果说从自身的兴趣切入属于自下而上的一种选题方法，那么从阅读的文献中发现问题、演绎出问题，就属于一种典型的自上而下的选题方法。

文献中包含着前人的研究话题，特别是在权威的核心高质量学术期刊中，汇聚着重要的、具有较高研究价值的话题。因此，对于初学者而言，与其冥思苦想、绞尽脑汁地满世界找选题，不如坐下来认真阅读积累这些高质量文献，并在其中发现自己感兴趣的学术话题，这未尝不是一种好的选题方法，还能防止初学者在选题上"跑偏""跑远"。

第三节　一些好题目的特征举例

好题目中的"好"是需要有一个特定标准的。此处的"好"主要是相对于研究方法的学习者而言，是那些便于上手、具有可操作性的选题。以下是笔者总结的一些有代表性的选题类型及其示例，供学习者参考与借鉴。

一 "以……为例"（陈述式）

《基于问题行为视角的网络教学案例分析——以远程教育与网络教育实践课程为例》，《电化教育研究》。

《日本中小一贯制教育的实施及其特征——以东京都品川区为例》，《比较教育研究》。

《探讨认知心理学实验的 AVG 游戏设计与开发——以空白实验法为例》，《中国电化教育》。

《基于现代大学制度的试点学院改革探索——以 S 大学 D 学院为例》，《中国高教研究》。

《复杂系统观下幼小衔接问题的本质探究——以一个澳大利亚华人孩子的游戏活动变化为例》，《学前教育研究》。

二 "……的实证研究"（陈述式）

《人力资本抑或身份符号：研究生就业匹配质量影响因素的实证研究》，《高等教育研究》。

《高等师范院校学生满意度实证研究——基于西北五所师范院校的调查分析》，《高教探索》。

《我国中小学教师教育惩戒行为与能力的实证研究》，《湖南师范大学教育科学学报》。

《学校内部公平状况的实证研究——以上海市两校学生教育公平感调查为例》，《教育发展研究》。

《"现代教育技术"公共课教学实证研究》，《电化教育研究》。

三 "……吗?"（疑问式）

《ERP 与二语学习：能像学习母语一样学习二语吗?》，《中国特殊教育》。

《研究生培养机制改革真的促进了学生学习吗?》，《复旦教育论坛》。

《我国教师的教育观能适应教育变革的需要吗？——基于课堂录像的问卷和访谈法的研究》，《全球教育展望》。

《全国优秀博士学位论文分布存在马太效应吗》《研究生教育研究》。

《留守经历影响中职学生的考学行为、辍学行为和升学意愿吗——基于浙江、陕西两省的跟踪数据》《北京大学教育评论》。

通过上述一些题目的例证，可以总结出选题的一些注意事项。第一，选题不宜过大。研究是"一滴水见太阳"的活动；是"在一寸见方的土地上，挖出一尺深的深度"的活动。因此，选题切口不能过大，入射角度要小，才能易于驾驭，并且有可能挖掘出有深度的研究内容。

第二，选题不能陈旧。此处的所谓陈旧意思是选题老套，已经属于"烂大街"的题目了。研究的本质是生产出新知识，陈旧的选题只是一种低水平的重复研究，对新知识的生产基本没有贡献。因此，选题不能陈旧，需要有新意。当然，还需要指出的是，研究的新意不是肤浅的标新立异、蹭热点、博眼球，而是真正在学理脉络上有所创新、有所突破。

第四节 研究计划书

在确定研究选题之后，研究者不能总是停留在脑海中的思考状态，还是要从天马行空转为接入地气。此时需要提起笔来，把研究的思路与计划等内容写成研究计划书。之所以这样做，是因为从脑中的思考到纸上的成文，还是有一定距离的。把脑中的思考落实到纸上，这实际上是自身思维与逻辑的重新梳理。当然，研究计划书也只是草拟稿，可以根据实际情况不断调整完善。研究计划书包括但不限于以下一些要素。

一 议题（题目）
关于题目特征的举例上文已提及，此处不再赘述。

二 文献回顾

在研究计划书中，应当有简要的文献回顾。文献回顾的内容下一章将详细讨论。

三 研究对象

需要清晰地描述与界定研究对象。

四 抽样问题

需要给出明确的、合理可行的抽样方案。当然，量化研究和质化研究的抽样方案有所不同，后文会有专门的一章详细讨论这个问题。

五 研究方法

考虑基于什么样的范式，用什么样的方法去收集数据资料。例如问卷调查法、实验法、观察法、访谈法等。

六 数据采集（资料收集）实施方案

考虑数据采集（资料收集）过程中所有可能遇到的具体细节，例如如何进入研究现场、如何与研究场域中的人互动沟通，等等。

七 时间方面的考虑

研究的总周期估计为多久、具体的阶段性的进度计划是怎样的。

八 经费方面的考虑

研究的经费成本估算为多少、具体在哪些方面会使用到多少经费、资金来源于何处，等等。

第三章　文献检索与文献综述

在新人的学术训练与学习过程中，最为困难的问题之一即文献综述。并且，文献综述的问题，不仅贯穿各不同阶段——本科、硕士、博士，还横跨各个不同学科专业——文科、理工科。

实证研究显示，文献综述撰写的突出问题"直接表现为文献综述结构混乱，没有对相关研究问题的研究脉络、研究进展和研究不足等问题进行宏观和深入的把握，仅停留在资料的罗列和简单的分析上，文献综述所得的结论无法支撑文章后续研究的开展，也无法体现当前的研究工作在前人研究基础上的推进"①。还有调查研究指出，文献综述突出的问题在于，"综述粗糙，重'述'轻'评'"②。本章将尝试解决这一突出问题，提升学习者的文献综述水平。

第一节　什么是文献综述

一　什么是文献

在讲什么是文献综述之前，需要先搞清楚一个基本的问题：什么是文献？没有公开出版的材料能否算作文献并加以参考？答案是十分肯

---

① 李敏、陈洪捷：《不合格学术型硕士研究生学位论文的典型特征——基于论文抽检专家阅阅意见的分析》，《学位与研究生教育》2017 年第 6 期。
② 常思亮、欧阳攀园：《专业硕士"差评"学位论文典型特征——基于 H 省 1486 份专家盲审评阅书的分析》，《大学教育科学》2021 年第 6 期。

定的。

一切资料信息的文字载体都称为文献，并且这种载体既可以是传统纸质的，也可以是现代电子的；文献包括古籍、专著、期刊论文、学位论文、报纸、研究报告等一切文字信息载体；公开出版与未公开出版的资料都属于文献。

二　什么是文献综述

在回答了什么是文献之后，再来探讨一下什么是综述。综述在英文中对应的单词是 review，由 re 和 view 构成，显然，它具有回顾、检讨、重新思考、回头看等方面的意思。

因此，文献综述（Literature Review）就是对已有文献资料的回顾、检讨、重新思考、回头看等。用专业的话来讲，文献综述是围绕某一选定的研究主题，对其研究历史进行书面的回顾与评论。形象地讲，文献综述的实质就是要画出一棵知识脉络大树，把枝叶间的关系描绘出来。

撰写文献综述主要有两个目的。其一是避免重复性的研究。只有看了已有的文献，才能知道关于这个主题，已经有人做了哪些事情，还有哪些事情没做，从而心中有数，避免低水平的重复性劳动。

其二是借鉴与吸收已有的成果。当前的学术研究早已经过了"无中生有""凭空开创"的空白开荒时代，几乎所有的学术研究都要"站在巨人的肩膀上"才能更好地前进。文献综述就是找准与描绘出"巨人肩膀"的不可或缺的过程。

不过，值得注意与反思的是，笔者的一项研究对中国社会科学各学科学术论文的文献使用量进行了对比，[①] 结果显示（图 3-1），相比较而言，教育学术论文的文献使用量相对偏少，这也间接反映出教育学术研究在文献综述方面还有很大的提升空间。

总之，文献综述是研究者在展开具体的研究行动之前，针对自己当前拟从事的特定研究主题或领域，对有关该主题、该领域已有的重要研

① 赵志纯、安静、伏衡一：《中国教育学术发展研究：多学科比较的视野》，中国社会科学出版社 2023 年版，第 65 页。

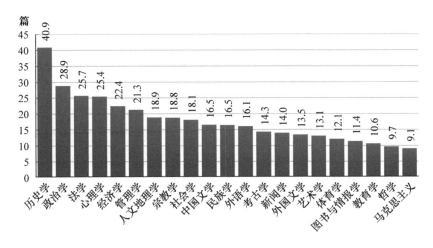

图 3 - 1 中国社会科学各学科学术承继性的对比 (1978—2020)

究论文 (成果) 进行回顾与整理, 并对这些已有的文献资料进行批判性评论, 从而指出后续的研究的切入点。

第二节 如何检索文献

从载体上讲, 文献按照现代化程度可以分为两大类, 一类是传统的纸质版, 另一类是现代的电子版。相应地, 这两类不同载体的文献其检索方式也不同。纸质版文献需要在资料室或图书馆检索查阅, 由于受到场所及其运营时间的限制, 并不十分方便。

随着信息化、数字化的全面转型, 当前电子版文献已经成为主流。电子版文献通过互联网即可查阅获取, 不拘泥于时空限制, 方便易得。因此, 本部分内容主要介绍电子版文献的检索与获取。当然, 由于语种的不同, 电子版文献的检索与获取方式不尽相同, 以下将中、英文的电子版文献检索分开介绍。

一 中文文献检索概述

文献的最常见形式主要有专著以及非专著, 例如期刊、报纸、学位论文等。目前，对于专著形式的文献获取，由于绝大多数的专著不提供网络版权，所以其电子版在互联网上一般不太容易直接获取。因此，专著形式的文献主要通过自行购买或前往图书馆、资料室查阅或借阅。

对于非专著形式的文献获取，如期刊杂志、报纸、学位论文等，由于它们中的绝大多数都具备网络版权，因此，我们可以通过互联网进行检索与下载。以下简单介绍几个重要的、常用的中文文献数据库。

（一）几个常见的中文文献数据库简介

1. 中国知网

中国知网（CNKI），由清华大学、清华同方于 1999 年 6 月发起。中国知网是中国最大的集各种全文学术信息于一体的平台，资料丰富，权威性较强。

2. 万方数据库

万方数据库是和 CNKI 齐名的中国专业的学术数据库，是涵盖期刊、会议纪要、论文、学术成果、学术会议论文的大型网络数据库。它的《中国学术会议论文全文数据库》是国内唯一的学术会议文献全文数据库，主要收录 1998 年以来国家级学会、协会、研究会组织召开的全国性学术会议论文，数据范围覆盖自然科学、工程技术、农林、医学等领域。

3. 维普网

维普网是中国第一个中文期刊文献数据库，也是中国最大的自建中文文献数据库，创建于 2000 年。它也被我国高等院校、公共图书馆、科研机构广泛采用，是高校图书馆文献保障系统的重要组成部分，也是科研工作者进行查证和查新的必备数据库之一。

（二）中文文献检索的经验与技巧

能使用哪些数据库进行文献检索，这主要取决于读者所在的院校或科研机构是否购买了该数据库的使用权限。当然，这些数据库虽然各有特点，但是在文献检索中，一般并不需要把这几个数据库都"面面俱到"地检索一遍，通常是择其一即可。另外，这几个文献数据库在检索技巧上也有许多共通的地方，无需一一赘述。因此，本文将以中国知网（以下简称 CNKI）为例，详细介绍一些有关中文文献的检索经验与技巧。

1. 下载与安装 CAJViewer 阅读软件

CNKI 提供的文献格式后缀名主要为.caj 和.kdh，同时也提供 PDF 格式的文献。前两种格式的文献阅读需要使用 CAJViewer 阅读软件，因此，首先需要下载安装 CAJViewer 才能顺利阅读文献。具体操作是在连通互联网的电脑上进入 CNKI 的官方网站，页面上可以找到 CAJViewer 阅读软件的下载链接。

2. 进入具有下载权限的页面

CNKI 面向全社会开放，提供论文题目检索与摘要浏览等功能，但论文全文无法直接下载。如果需要下载学术论文全文，就需要获得权限。通常情况下，各个高校或科研院所都统一支付了使用权限的费用，因此，一般只要通过各个高校或科研院所的内部网络进入 CNKI 就可以下载全文。当然，如果不在各个高校或科研院所的内部网络覆盖范围内，也可以通过网络代理接入。如图 3-2 所示，具有下载权限的时候，下载图标会显示绿色；而没有下载权限的时候，下载图标会显示黄色。

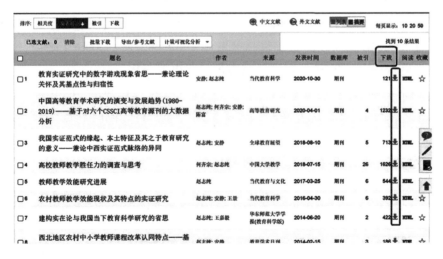

图 3-2　中国知网全文下载权限示例

3. 中文文献检索的经验与技巧

在网站页面上，检出获取的论文就是接下来开展学术工作的根基所在。在这样一个信息爆炸的时代，输入检索主题词之后，可能会出现成百上千的检索结果。由于种种原因，检出的这些论文质量还是具有一定差异的。因此，作为一名合格的研究者，在文献检索上，必须"志当存高远"，选文要精，这样才能使得自己的研究具备高质量的学术根基，并且得到事半功倍的效果。以下介绍一些选文的技巧。

（一）优先参考核心论文

核心论文是指核心刊物中的学术论文。所谓核心刊物，是指那些被专业机构通过一系列的科学评价方法，认定为具有较高质量与学术价值的期刊。在中国大陆地区，社会科学学术期刊的评价认定，主要以南京大学的"CSSCI"和北京大学的《中文核心期刊要目总览》最获公认。

CSSCI是"中文社会科学引文索引"的缩写，英文全称为"Chinese Social Sciences Citation Index"。它是由南京大学中国社会科学研究评价中心开发研制的数据库，用来检索中文社会科学领域的论文收录和文献被引用情况，是我国人文社会科学评价领域的标志性工程。CSSCI于1998年始发，每两年更新一次。

《中文核心期刊要目总览》是由北京大学图书馆及北京十几所高校图书馆众多期刊工作者及相关单位专家参加的中文核心期刊评价研究项目成果。《中文核心期刊要目总览》于1992年始发，2008年之前，每四年更新一次，2008年之后，改为每三年更新一次。

CNKI提供了直接点选"核心期刊"以及"CSSCI"的功能。如图3-3所示，在相应界面的"来源类别"那一行，同时点选"核心期刊""CSSCI"两个方框然后进行文献检索即可。

（二）优先参考被高频引用的文献

被引量作为论文学术影响力的主要评价指标，在人才评审、科研立项、科研奖励等过程中发挥着重要作用。[①] 鉴于被引频次的重要性，除

---

① 熊泽泉、段字锋：《论文早期下载量可否预测后期被引量？——以图书情报领域期刊为例》，《图书情报知识》2018年第4期。

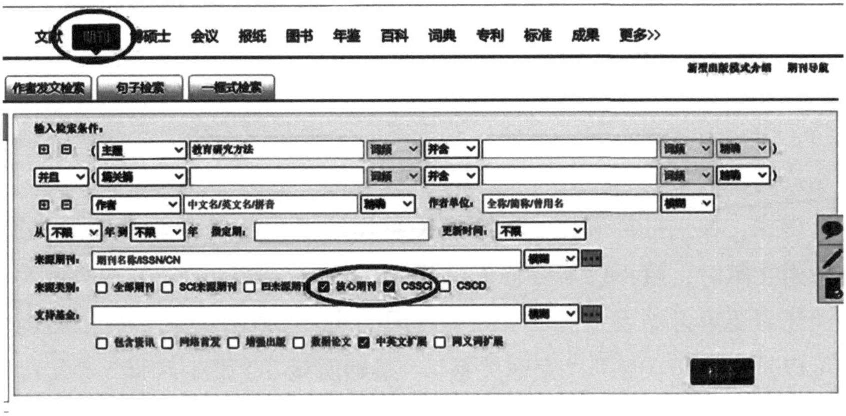

图 3 - 3　中国知网筛选核心刊物示例

了把检索范围锁定在核心刊物当中之外，对于已经检索显示的文献，建议根据检出论文被引频次从高到低进行排序，优先获取与参考高频被引论文。

　　具体的操作如图 3 - 4 所示。在相应的界面下，点击"被引"按钮，此时，所有检出的论文就会根据被引频次的高低进行排序，然后优先下载这些既与检索主题相关，又是高频被引的论文。

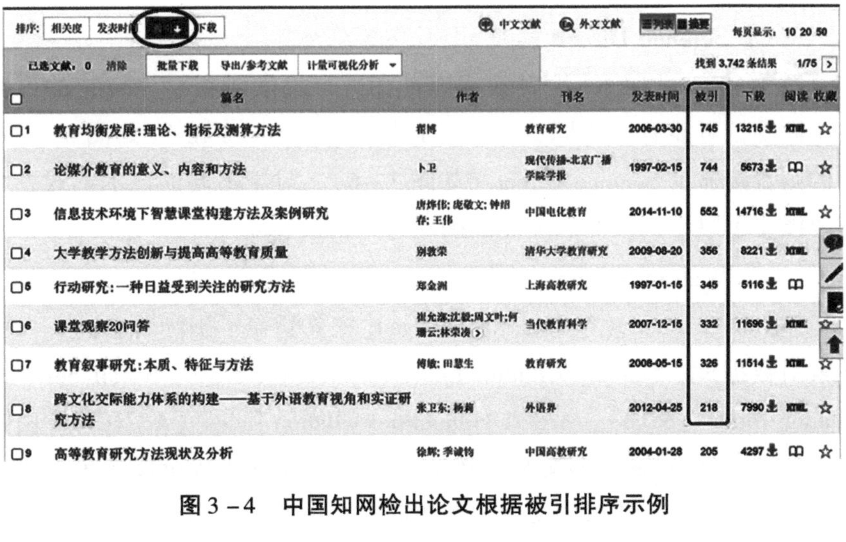

图 3 - 4　中国知网检出论文根据被引排序示例

（三）灵活多角度地围绕主题词及其变式进行搜索

在以主题词为核心进行检索时，角度不能过于单一，而是需要把与主题词有关的变式都尽可能地罗列出来一并进行检索。所谓主题词变式是指，由于语言表达的丰富性，对于某一个主题词，往往会存在其他多种相近的说法与表达。

例如，如果打算研究一下婚姻关系作用于子女的学业成绩的机制，在检索文献时，就不仅需要输入"婚姻关系""学业成绩"这两个关键词，还需要考虑输入它们二者的主题词变式。"婚姻关系"的主题词变式可以是"父母关系""家庭关系""婚姻质量""婚姻和谐""父母和谐""家庭和谐"……；"学业成绩"的主题词变式可以是"学业成就""学习成绩""学业获得""教育获得"……。总之，在考虑主题词变式的时候，需要头脑风暴、集思广益，充分发散思维。

二　英文文献检索概述

在社会科学研究中，国内较为常用的英文文献检索途径主要有两种：一种是爱思唯尔（Elsevier）旗下的 Science Direct 论文数据库；另一种是汤森路透（Thomson Reuters）旗下的 Web of Science 论文数据库。以下分别介绍这两个数据库的基本检索方法。

（一）Science Direct

对于 Science Direct 论文数据库，在进行检索时需要注意它的界面在不同院校可能有所不同，例如，有的显示 Elsevier SD（如图 3 - 5），有的则直接显示 Science Direct（如图 3 - 6）。对于不同的显示形式，大家要能够予以识别，然后才能准确地进入检索界面。

（二）Web of Science

Web of Science（Web of Knowledge）主要涵盖了国际著名的三大引文索引数据库：Science Citation Index Expanded（SCI）、Social Sciences Citation Index（SSCI）、Arts & Humanities Citation Index（A&HCI）。由此可见，Web of Science 英文文献数据库的覆盖范围比较全面。另外，它还提供中文界面，使得中文用户使用起来更为便利。

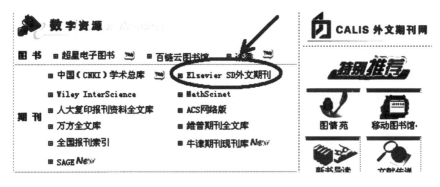

图 3-5 Science Direct 论文数据库显示界面示例之一

图 3-6 Science Direct 论文数据库显示界面示例之二

　　具体的操作如图 3-7 所示，首先需要点选"Web of Science 核心集"，否则可能会搜索出来其他的语种。然后，进入相应的检索界面，

图 3-7 Web of Science 论文数据库检索示例之一

如图 3 - 8 所示，在"主题"框中，输入检索主题词，点击"检索"即可。

图 3 - 8 Web of Science 论文数据库检索示例之二

第三节 如何撰写文献综述

首先需要说明，关于文献综述的撰写，并没有一套固定现成的模式可以一劳永逸地遵循，正所谓"写无定法"。实际上，文献综述撰写水平的提升，无法一蹴而就，而是有赖于在实践中不断地撰写、不断地积累经验从而逐渐提高。尽管如此，也并不意味着在文献综述的撰写方面没有可参考的经验。文献综述的撰写可以有如下一些基本的路径方法。

一 阅读文献与读书笔记

对于检索获取到的文献，接下来需要认真地阅读。在此处，"认真"的标准是什么？答曰：要做读书笔记。一般性的阅读可做读书笔记，也可不做，甚至走马观花也不要紧。但是，为写文献综述而做准备的文献阅读，与一般性的阅读有所不同，必须有针对性地做读书笔记。

文献综述过程中的读书笔记应当包括两部分内容：第一是大意总

结，第二是原文摘录。大意总结，就是读完文献后用自己的话简短地总结大意并书面记录；原文摘录，是对文中可能需要引证的原文原句进行准确无误地摘录。原则上，对获取的每一篇重要文献都应当采用此方法做读书笔记。

二　撰写文献综述的四字要义

笔者结合自身的实践经验，对撰写文献综述的方法进行了总结，主要归纳为"综""述""评""托"四字要义。

（一）综

所谓"综"是指，在文献综述撰写中，一定要坚持综合、全面地掌握文献资料的原则。写文献综述，视野务必要开阔，怎么才能做到视野开阔？那就是对关键的文献、经典的文献、年代久远的文献、新近的文献都不能有所遗漏，目力所及范围要广。

（二）述

所谓"述"是指，在文献综述撰写中，要充分地叙述、列举已有的研究状况与进展。但是，要注意"述"的度，不能过度叙述、过度堆砌文献材料。另外，还要注意"述"的条理，逻辑要清晰，要善于在杂乱的文献中，理出清晰的头绪来。

（三）评

所谓"评"是指，在文献综述撰写中，要善于发表自己的观点与评论。文献综述本质上是对已有研究批判性地承上启下，因此，要善于辩证地对已有研究的得失长短做出客观的评论。但是，务必要注意语气的平和性与中肯性，切忌过激的、全盘否定式的言辞。另外，"评"要和"述"不断地交织穿插起来，避免"评""述"脱节。

（四）托

所谓"托"是烘托的意思，是指在文献综述撰写中，在进行了"综""述""评"之后，不能忘了"初心"是什么。实际上，不论"综""述""评"费了多少笔墨，文献综述的最终目的，还是要回到自己的研究，烘托出自己本次研究的意义与价值。在初学者当中，一个常见的不足在于，很多人洋洋洒洒写了一大篇文献综述之后，最终却没有回到论证自己的研究上面。这是尤其需要注意的。

以上虽然没能给出什么具体的现成公式，但"综""述""评""托"四字要义作为一种经验总结，只要多写、多实践、多应用，对学习者撰写文献综述还是有所帮助的。

第四节 文献引证的规范问题

在文献综述的撰写中，必定会频繁地遇到文献引证的情况，这就涉及文献引证的规范问题。文献引证的规范问题主要包括两个维度：其一是文献引用的字数限制规范；其二是文献引证的标注格式规范。

一 文献引用的字数限制规范

先来看文献引用的字数限制规范。从国际上社会科学学术界（尤其是实证研究）的主流做法来看，以 APA 的规定较为普遍接受，其有关文献引用的字数限制规定笔者整理如下。[①]

（1）所引材料少于 40 个英文单词（$x < 40$），加双引号直接引用。

（2）所引材料单词有 40 个及以上，但不超过 400 个英语单词（$40 \leqslant x \leqslant 400$），且总引用量不超过 800 个英语单词（$x_{max} \leqslant 800$），需要另起段，用一个独立的文本块来展示，引文不要用引号。

（3）所引材料单块 400 个英语单词以上（$x > 401$），或总量超 800 个英语单词以上（$x_{max} > 801$），必须征得原作者的书面同意；

（4）图表引用方面，如果不超过 3 幅图表，无需征得原作者的书面同意；如果超过 3 幅图表，必须征得原作者的书面同意。

----

① ［美］美国心理协会编：《APA格式：国际社会科学学术写作规范手册》，席仲恩译，重庆大学出版社 2011 年版，第 160 页。

从以上的引用字数限制规定来看，国际学术界存在着非常严格的标准。遵循这种严格的标准，并非机械的教条。实际上，如此严格标准的根本目的在于防止出现"天下文章一大抄"的现象，最大限度地鼓励与保护知识生产的原创性。

当然，对于国内的学术界，目前并没有明确公认一套类似 APA 的引用字数标准。但是，笔者强烈建议在学术论文的写作中，严格以上述标准作为参照，做一个严谨的研究者。另外，还需要指出的是，在字数的计算上，中文和英文并不对等，例如，"研究"，中文是两个字，而英文只需一个单词"research"即可。有鉴于此，上述 APA 的字数限制标准在中文里可以放宽一些，都拓展为两倍，例如，"所引材料少于 40 个英文单词（$x < 40$）"的标准可以改为"所引材料少于 80 个汉字（$x < 80$）"，以此类推，最终执行放宽后的中文字数限制标准。

二　文献引证的标注格式规范

当前，在文献引证的标注方面，国内较为常见的格式规范主要分为三类。一类是我国的国家标准格式，另一类是 APA 格式，此外，一些出版社还有自己的一些格式规定。

APA 的全称是 American Psychological Association，也即美国心理协会。APA 格式即由该协会发起与约定形成的一套引证标注规则，它主要采用文中括号内标注与文末标注相结合的方式，在心理学、社会学、管理学等学科领域的论文中较为常见。

在教育学术论文的写作中，我国的国家标准引证格式更为常见，其全称为《信息与文献　参考文献著录规则》（中华人民共和国国家标准）。[①] 它是由中华人民共和国国家市场监督管理总局和中国国家标准化管理委员会于 2015 年 5 月 15 日联合发布的，并于 2015 年 12 月 1 日正式实施。

我国的国家标准分为强制执行标准和推荐执行标准两类，《信息与

---

① 《信息与文献　参考文献著录规则》（GB/T 7714—2015），中国标准出版社 2015 年版。

文献　参考文献著录规则》（GB/T 7714—2015）属于推荐执行标准，
因此，在社会科学中并没有统一执行此标注格式。但是在教育学科中，
此引证标注格式还是得到了学界非常广泛的认同与使用。有鉴于此，本
书推荐在文献引证标注中使用我国的国家标准，具体内容请自行查阅
《信息与文献　参考文献著录规则》（GB/T 7714—2015）。

第四章　质化研究方法简论

本书在第二章中已经阐述过，依据质化方法的使用目的，质化研究主要分两类：一类是实证质化研究，另一类是诠释质化研究。尽管二者的目的取向有根本的不同（方法论层面），但是就具体的技术手段而言（方法层面），还是存在着很大的重叠性，都是以访谈法、观察法、实物收集法为主。本章主要从这些具体的技术层面出发，阐述质化研究方法的一些基本理念与操作。

第一节　什么是质化研究

前文已经提到，经验数据资料存在着两种形式：一种是量态形式，另一种是质态形式。量态形式对应量化研究，质态形式对应质化研究。但这种说法还不够确切，尚不足以从内涵上说清楚什么是质化研究。以下进一步做出细致的探讨。

如果仅仅从技术手段出发加以定义，那么质化研究就是指主要采用访谈法、观察法、实物收集法等方法来获取质态形式的资料，然后对这些资料进行实证分析或文本解读。

如果从诠释范式出发，那么定义就会相对复杂得多。在诠释范式中，质化研究是指：在非干预的自然自发状态下，研究者深入到研究场域当中，与研究对象深度互动，获得亲身体验，对研究的文本情境形成准确的整体性把握，充分理解研究对象行动的文化意义，最终形成对研究文本的理论诠释。一言蔽之，诠释范式的质化研究寻求的是对文本的深度理解。当我们建构出某个系统的理论去诠释某种行动的时候，我们就可以说"理解了"这个文本。

可以看到，从诠释范式出发的质化研究定义，信息量是比较大的。它主要强调自然性、体验性、文化性这几个重要的维度。自然性并非指大自然，而是指研究场域应是非人工干预的、自然自发状态，也即不加点缀、不加修饰的，和平常一样的原生态的场景。

体验性是指，研究者必须置身于、浸润于研究场域之中，这样才能对研究场域中的人情世故、一草一木、点点滴滴形成整全性的、直观性的体验与把握，只有在这个基础上研究者才具备理解研究对象、解读文本的可能。

文化性是指，作为社会中的个体行动，不仅仅满足于自然规律的逻辑，更是有其深刻的文化意义逻辑所在。例如，"吃饭"这一行动，充饥是其自然规律逻辑，但在现代社会，显然没有人会否认它的文化意义和逻辑。对于文化意义和逻辑的体会与理解，不可能在短时间内通过一次横剖面的取样与收集数据完成，而是必须通过置身于研究场域中，身临其境、亲身体验，才能真切理解个体之所以"如此"行动而非"那般"行动的文化意义和逻辑。这就是诠释质化研究所强调的文化性所在。

第二节　质化研究的具体方法

质化研究的具体方法主要包括访谈法、观察法、实物收集法。访谈法主要通过语言上（包括肢体语言）的交流互动来收集资料。观察法以事先设定好的观察提纲为基础，通过多角度地观察来收集资料。实物收集法主要是收集与研究相关的各种具体物件、文字图片、音像视频等。以下对这些质化方法进行具体的阐述。

第三节　如何开展质化研究

一　访谈法

（一）访谈法的分类

1. 根据访谈问题的结构化程度

根据访谈问题设计的结构化程度，可以把访谈法划分为标准化结构式访谈、结构式访谈、非结构式访谈。

（1）标准化结构式访谈

标准化结构式访谈是指使用结构化的问卷而非访谈提纲进行的面对面提问并根据应答者的回答填写问卷。实际上，标准化结构式访谈的本质是一种特殊形式的问卷调查。这种方法主要广泛应用于入户调查。

由于使用的是高度格式化、结构化的问卷，这就决定了它在本质上已经不属于质化研究的范畴了，因此，此类所谓的"标准化结构式访谈"不是本部分内容讨论的重点，仅略作介绍。

（2）结构式访谈

结构式访谈是指正式的、事先计划好的、有明确访谈目的的一类访谈互动。通俗地讲，就是"有备而来"地与被访者进行对话交流。结构式访谈需要事先准备好明确的访谈提纲。此类型的访谈是本部分讨论的重点，后文中的访谈技巧介绍都主要是在结构式访谈的基础上展开的。

（3）非结构式访谈

非结构式访谈与结构式访谈正好相反，是指非正式的、事先没有计划的、没有明确访谈目的的一类访谈互动。通俗地讲，就是"无心插柳"地与被访者进行对话交流。非结构式访谈一般没有事先准备好的访谈提纲，它更接近于日常的聊天，有很大的偶然性。

2. 根据同一时段内被访人数的多少

根据同一时段内被访人数的多少，可以把访谈法划分为团体焦点访谈和个体访谈。

（1）团体焦点访谈

团体焦点访谈，又叫小组座谈，就是采用小型座谈会的形式，由研究者同时与数位被访者进行面对面的交流沟通。

（2）个体访谈

团体焦点访谈的被访者人数较多，而一对一地进行访谈交流，就被称为个体访谈。团体焦点访谈在时间上更经济、更有效率。但是在访谈的互动深度上，个体访谈则更有优势。

（二）访谈法的技巧与注意事项

1. 访谈的准备

访谈的准备主要从硬件和软件两方面考虑。硬件方面的准备，主要包括备好纸笔以及录音设备，以作记录之用。当然，前提条件是遵守研究伦理——必须征得被访者的同意。软件方面的准备，主要是指要提前准备好访谈提纲。

访谈提纲是访谈法的重要研究工具，它是一份研究者想要了解的问题的清单，整个结构式访谈的计划性都要体现在这份访谈提纲上面，因此，它的设计与考虑是极为重要的。访谈提纲的范例详见图 4 - 1。

一份完整的访谈提纲至少应当包括以下三部分内容：背景信息、访谈问题、访谈情况记录。背景信息主要是有针对性地了解被访者的一些相关个人基本情况，另外，从背景信息聊天式的开始访谈，也有助于缓和可能紧张的访谈气氛。访谈问题依研究目的具体而定。访谈情况在访谈提纲的最末尾处，主要是记录访问者、访谈日期、时间、地点等诸如此类的情况。

2. 访谈的实施

（1）时间。访谈的时间长短可根据研究内容灵活安排，但要注意时间不能过长，从经验上讲，访谈时间最长不超过 1 小时，过长的访谈会使得质量大打折扣。

（2）地点。访谈的地点应当尽可能安排在相对独立、不受他人干扰的空间内进行。另外，访谈时候访谈者和被访者应尽可能同向而坐

教师访谈提纲

背景材料：

　　学校名称：　　　　　姓名：　　　　　性别：　　　　　民族：

　　年龄：　　　　　　　职称：　　　　　学历：　　　　　教龄：

　　是否班主任：　　　　是否公办教师：　　　　所教科目：

　　所教年级：　　　　　学生民族构成及人数：

一、教师教学情况(请结合观察课)

　　1.您（这节课）是如何备课的？(教学大纲　　参考资料　　教材　　教具)

　　2.请谈谈您上课的情况(教学方法　　为什么　　哪里学来的　　一堂好课的标准

　　对自己教学的评价　　对学生的辅导　　学生的表现)

　　3.您觉得教学中最大的困难是什么？原因？如何改善提高？

二、教师工作现状

　　1.学校有无教研活动？效果如何？您是怎样看待的？您有没有研究论文在刊物上发表？

　　2.请谈谈州、县、教研室(督导室)对您的指导(督导)情况。

　　　(已经做了些什么？效果如何？希望他们做些什么？有没有可能？)

　　3.近三年来您有没有参加过学习、培训？您对此有何看法？您在义务教育方面有什么需求？中心学校的活动对您有无帮助？可以如何改进？

　　　(时间　地点　方式　内容　效果　需求)

　　4.您对现在的工作和生活环境感觉怎么样？

　　　(教师待遇　社会重视程度　人际关系)

三、学生情况(请结合观察课)

　　1.喜欢什么样的学生，不喜欢什么样的，为什么？(什么样的学生好教，什么样的不好教)

　　2.您知道学生学习上有什么需求吗？您怎么知道的？您可以满足吗？您是如何满足他们的需求的？(男/女　留级　辍学　民族　贫困　语言过渡　对学习的影响　如何改进)

　　3.您做不做家访，如何和家长联系，内容和效果怎样？

　　　(男/女　留级　辍学　民族　贫困)

　　4.学校和社区可以采取什么措施使他们上学？对贫困学生目前有什么资助？您认为应该有什么样的资助？（提供资助、改善学校环境、提高学校教育质量)

　　5.课本循环是否可行？为什么？

四、学校管理

　　1.你们学校有哪些规章制度，您是怎样看待的？制定过程您参与了没有？

　　2.学校的重大决定是如何做出来的？

　　3.校领导如何了解你们的需求，做过些什么？可以做些什么？

五、学校与社区的联系

　　1.村子里不上学或辍学的孩子有多少？原因？

　　　(人口　适龄儿童　辍学生　留级生　男/女　民族　贫困)

　　2.村子里的人是怎样看待老师的？为什么？

　　3.学校除教育孩子外还为村子的发展做过些什么？你们村为学校做过些什么事情？

访问者：　　　访问日期：　　　访问时间：(　时　分——　时　分)　访问地点：

图4-1　访谈提纲示例

（而非相向而坐），准确地说，是同向略向内倾斜，形成一个类似于"八"字形的"坐局"，这样有助于形成缓和的访谈气氛。

（3）人物。访谈的对象选择属于非概率抽样（关于抽样的问题将在下一章详细谈论），具有很强的主观选择性，一般都是选取非常典型的、富有代表性的被访者。

（4）访谈技巧

（a）注重第一印象。初次见到被访对象，要注重礼貌，要给对方以友好的印象、营造友善的访谈氛围。简要介绍一下自己以及研究的目的等。

（b）在访谈中要对访谈内容做完整的记录。在征得被访者同意之后，可以本人边访谈边记录，也可以请另一位研究者在现场专门负责记录，还可以由研究者开启录音设备，在访谈结束后基于录音加以整理。

（c）注意访谈中的语气、语速等。访谈中的语气要平和，此时要淡化研究者的身份，尽快营造出友善、平等的交流氛围。访谈中的对话语速宜适中，不宜过快或过慢。

（d）注意访谈中的非言语行为。衣着、打扮、动作、面部表情、眼神、人际距离、说话和沉默的时间长短、说话时的音量、音频和音质等。

（e）用"心"倾听。质化研究专家陈向明教授指出，"听"实际上涉及三个层面：行为、认知、情感。[1] 行为层面上的"听"包括认真倾听的姿势，注意与对方的良性互动（眼神、表情等）。认知层面上的"听"包括抛弃前见、"掏空"与"悬置"自己等。情感层面上的"听"包括情感融入式的倾听，与被访者产生共情、共鸣等。

（f）学会适度追问。追问可以进一步深挖事情发生的根源以及发展的过程，因此在访谈中需要学会适度、适时地追问。

（g）学会访谈中的回应技巧。对话讲求的是双向交流，因此，在

---

① 陈向明：《质的研究方法与社会科学研究》，教育科学出版社2000年版，第195页。

访谈过程中，对被访者的谈话做出合乎情理的反应（包括语言的、非语言的）非常有助于访谈的顺利推进。

（h）访谈的记录问题。此处需要再次借用陈向明教授的观点，访谈需要书面记录的内容主要包括：内容型记录、观察型记录、内省型记录。①

> 内容型记录记的是受访者在访谈中所说的内容，这种记录在无法录音的情况下尤其重要。观察型记录记的是访谈者看到的东西，如访谈的场地和周围的环境、受访者的衣着和神情等。内省型记录记的是访谈者个人因素对访谈的影响，如性别、年龄、职业、相貌、衣着、言谈举止、态度等。

此处需要注意的是，对于内容型记录，现在基本可以通过录音设备解决，问题不会太大。关键是观察型记录和内省型记录，在现场一般不太可能有时间完成记录，因此需要在访谈结束后，争取在最短的时间内趁着"记忆犹新"抓紧完成书面记录。

（i）访谈的其他注意事项。除上述一些要点外，还需要注意的问题包括：避免提问带有主观倾向性、诱导性的问题，学会驾驭整个谈话过程，注意控制时间，访谈中可拿访谈提纲（但最好烂熟于心）等等。

（五）访谈资料的整理与使用

访谈结束后，需要及时整理访谈资料。此处的"整理"是指，把访谈的录音资料转换为书面文字，或者把访谈时的草稿记录转换为正式的书面文字。

整理书面文字需要遵循"忠实原则"，即必须是原话，一字不漏，忠实地记录与呈现。另外，"忠实原则"还体现在，书面记录不仅包括言语性的，还包括非言语性的，如访谈中出现的叹息、哭、笑、沉默、语气中的迟疑等。

---

① 陈向明：《质的研究方法与社会科学研究》，教育科学出版社 2000 年版，第 178 页。

访谈资料的使用方面，分为简单使用与复杂使用。简单使用是指，直接引用对话内容佐证自己的研究。复杂使用是指，对内容进行编码登录，分为若干级指标，提取高频词、关键词等，还可能需要使用 NVI-VO 质化分析软件。编码登录的具体步骤可以详见陈向明教授《质的研究方法与社会科学研究》中的第四部分内容《质的研究的资料分析》，①此处不再赘述。

最后，需要特别强调指出的是，访谈资料的使用一定要严格遵守研究伦理。无论是访谈资料的简单使用还是复杂使用，在公开呈现出来的时候，都必须进行匿名处理，例如 A 教师、C 校，等等。

二 观察法

观察法在教育研究中较为适用的场景主要是课堂观察、幼儿观察等。根据观察者（研究者）是否亲身参与到被观察者的活动当中，也即是否与被观察者发生互动，可以把观察法分为参与式观察、非参与式观察两大类。

参与式观察也称为介入式观察，在这个过程中，研究者实际上带有"双重身份"。一重身份是研究者，另一重身份则是被观察者中的一员（局内人身份），强调在场域中与被观察者的互动性、融入性。研究者既关注被观察者的行动，又体验被观察者的情绪。

非参与式观察又称为非介入式观察，研究者仅仅是"冷静"地以局外人的身份进行观察，对整个被观察者的活动全程不参与其中。

观察法不是走马观花，而是对于"看"什么要有很明确的针对性、目的性。因此，无论是参与式观察还是非参与式观察，都需要制定观察提纲，具体范例如图 4 - 2 所示。观察提纲上需要细致地罗列出需要观察的指标与要点，此外，还要记录观察的日期、时间等基本信息。

---

① 陈向明：《质的研究方法与社会科学研究》，教育科学出版社 2000 年版，第 269 页。

学生课堂行为观察提纲

	项目指标			记录
课 堂 活 动	表情			
	注意力	稳定性		
		集中性		
	听讲	神态		
		动作		
	记笔记	老师要求		
		自己主动		
	阅读	朗读	个别	
			齐声	
		默读		
		领读	老师	
			学生	
	回答 问题	个别	用老师的原话	
			用自己的语言	
		齐声	机械	
			自发	
	提问	对老师知识性的错误		
		对自己明白的问题		
		创造性的问题		
	练习	书面	集体	
			个别	
			集体个别相结合	
		口头	集体	
			个别	
	动手 操作	模仿老师	集体	
			分组	
		自主、创造性	个别	
			分组	
	讨论	自发		
		分组		

图 4-2　观察提纲示例

三 实物收集法

实物收集的范围可以包括所有与研究问题有关的文字、图片、音像、物品等。例如，被研究者当地的历史文献，如传记、史料、方志等；现时的文字资料，如班级作息时间表、学生作业、学校文件、教科书、教师教案、教学反思、班级成绩单、班级课表等；视频资料，如照片、录音、录像、校园条幅、标语等；物品实体，如学生或教师制作的手工艺品等。最后需要指出，实物收集需要事先拟定一份详细的收集清单，把所有需要收集的对象都要书面罗列出来。

第五章　科学抽样方法

抽样问题看似很简单，但实际上做规范还是需要一些功底的。一说"抽样"，很多人立即会像歇后语那般蹦出"随机"二字。一些实证论文也声称自己是"随机抽样"，但如果真要坐下来仔细看一看具体是怎么抽样的，就会发现其实不然。

长期以来，由于并不足够重视抽样问题，使得抽样在教育研究方法中逐渐成为一个"最熟悉的陌生人"。本章即要解决抽样的问题，使学习者树立起科学的抽样意识，掌握科学的抽样方法。

第一节　抽样方法的分类及简单随机抽样

按照能否满足随机性，可以把抽样方法分为两大类。一类是非概率抽样，另一类是概率抽样。非概率抽样的本质是随意抽样，选样上具有浓烈的主观色彩。概率抽样是等概率抽样的简称，满足随机性的标准，选样具有良好的客观性。

一　非概率抽样

非概率抽样是一种主观选样的随意抽样方法，它有两大特性。特性一是就近性与方便性，即它以就近与方便为原则，此种特性决定了非概率抽样的取样成本较低。特性二是目标性与典型性，即要选取典型的目标个案。

尽管不满足随机性原则，但非概率抽样在实践中仍然有用武之地。例如，街头的新闻采访，超市或车站发广告单等，这些都属于非概率抽样在实践中的应用。在质化研究中，访谈对象、观察对象的选取都属于非概率抽样。但是，如果把此种方法应用在量化研究当中则并不适合。科学的量化研究需要以概率抽样作为基础。

二　概率抽样

概率抽样也叫等概率抽样和随机抽样。其核心要旨在于，被研究对象（总体）中的每一个个体被抽取到的可能性（概率）都是相等的。由于有概率论作为数学上的理论基础与保障，量化研究只有基于真正的随机抽样，才能最大限度地具有可信度与说服力。按照复杂程度划分，概率抽样又可分为以下两类：一类是简单随机抽样，另一类是复杂随机抽样。

（一）简单随机抽样

简单随机抽样在生活经常被用到，抽签法、抓阄法即最为常见的简单随机抽样范例。当然，抽签或抓阄需要以实体、实物为基础，在可选数量庞大的情况下，这种方法在理论上可行，但在实践中太过不便。

于是，统计学家发明了纸质版的随机数字表，来替代直接的抽签或抓阄。在很多经典的教育统计与测量或教育研究方法书籍的附录中，往往附有纸质版的随机数字表。

再后来，随着计算机的日益普及与大众化，人们干脆连纸质版的随机数字表也很少使用了，转而使用电脑进行摇号。以下将结合具体的实例，介绍如何使用 SPSS 软件①进行随机选号，完成简单随机抽样。

假设某中学共有 300 名专任教师，现在需要随机抽取 50 位教师进行学校满意度调查，具体的抽样流程操作如下。

1. 步骤一。获取 300 名专任教师的名册，把他们全部录入到 SPSS

---

① SPSS 是社会科学统计软件包（Statistical Package for Social Science）的简称，它是一款非常专业且功能强大的统计分析软件，是社会科学量化研究中的重要工具之一。本书中涉及的具体统计运算与操作，主要借助 SPSS 完成。

数据库当中，然后在其右侧新生成一列变量用于自然数连续编号，如图
5-1所示。

图5-1 教师名单录入与编号示例

2. 步骤二。激活 SPSS 中的随机选样功能，操作如图 5-2、图 5-3
所示。依次点击菜单：Transform/Random Number Generators。出现对话
框，在其中勾选"Set Starting Point"（设定算法的起始种子）及其下方
的"Random"。

3. 步骤三。实施随机选样，操作如图所示。依次点击菜单：Data/
Select Cases（图 5-4）。出现对话框，在其中点击"Random sample of
cases"按钮（图 5-5）。出现对话框，点选"Exactly（精确选样）"，
并分别在两个小方框中输入 50、300，点击"Continue"（见图 5-6）。

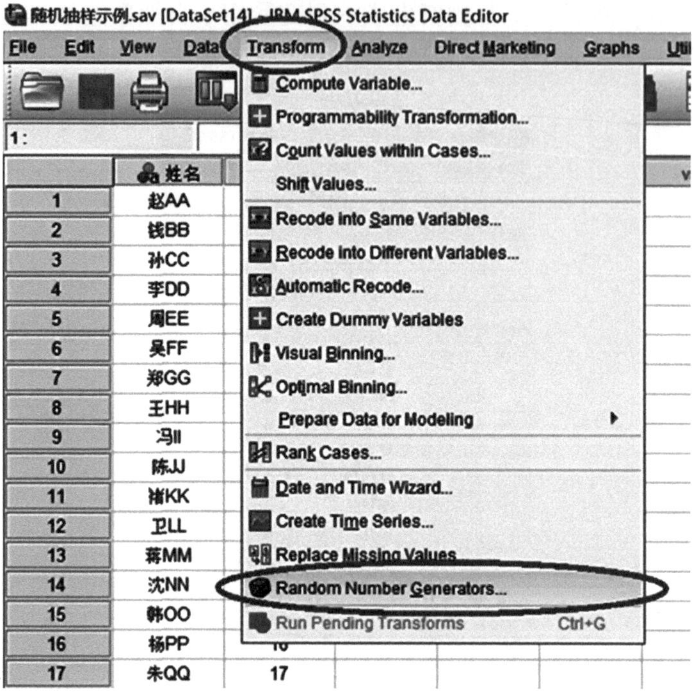

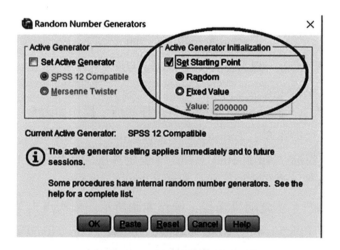

图 5 - 2　步骤二菜单点击示例

图 5 - 3　步骤二对话框设定算法的起始种子示例

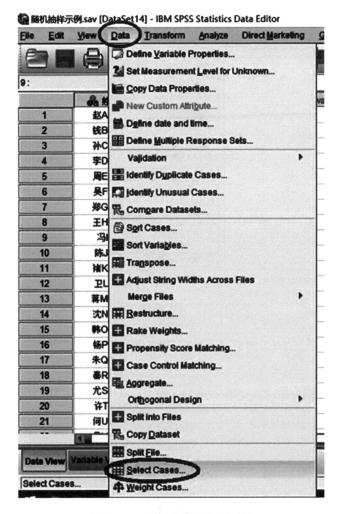

图 5 - 4　步骤三菜单点击示例

最后，点选"Copy selected cases to a new dataset"，即生成新的数据库，在"Dataset name"方框中对随机抽取后即将获得的样本数据库进行命名，一切就绪后点击"OK"按钮（见图 5 - 5）。

通过上述三个步骤的操作，即可完成随机抽样，由此得到的样本才是真正意义上的随机样本。最后，还需要特别强调的是，获取的 300 位

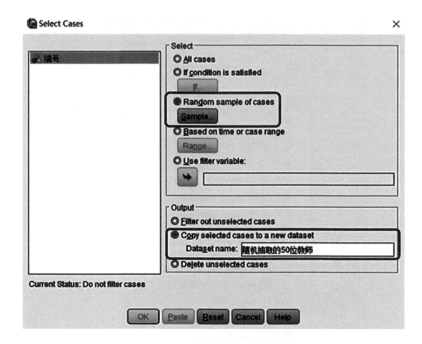

图 5 – 5　步骤三对话框点选示例

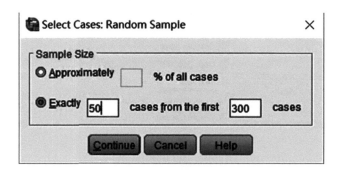

图 5 – 6　步骤三子对话框精确选样设定示例

教师名单的专业术语为"抽样框"；只有抽样框的全面覆盖才能保障其中的每一个个体被抽取到的概率都是相等的，因此，抽样框的获取一定要全面。

（二）复杂随机抽样

复杂随机抽样是基于简单随机抽样的各种变体。万变不离其宗，复杂抽样无论怎样"复杂"，都是基于简单随机抽样的基本逻辑。

随着现代随机抽样技术的不断发展，复杂随机抽样发展出了系统抽样、分层抽样、整群抽样、多阶段抽样、按规模成比例抽样（PPS 抽样）等多种抽样方法，其中，PPS 抽样法最为常见。本章将详细介绍当前社会科学研究中最常使用的按规模成比例抽样。

第二节　按规模成比例抽样（PPS 抽样）

假如出于研究需要，抽样框范围很大，例如在全国范围内该如何完成抽样呢？根据简单随机抽样的操作，我们首先需要获得一份全国范围的清单。例如，我们打算研究全国小学教师的职业认同，那么首先需要得到一份全国小学教师的名册，注意，是全国所有小学教师的名册！对于中国这样一个大国，尽管在理论上是可能的，但在现实中却是不具有可行性的。那么问题在于，大家发现简单随机抽样的方法无法直接实施，因此我们需要找寻新的途径。

当简单随机抽样无法直接使用时，按规模成比例抽样（Probability Proportionate to Size Sampling，PPS）是一种较为常用而可行的抽样方法。PPS 抽样的基本思路有两点，其一是把抽样过程切分为多个阶段，以此化繁为简；其二是在不同阶段按照各自的规模成比例进行抽样，以此提高样本的代表性。

在教育研究领域内，由中国人民大学主持发起的闻名全国的"中国教育追踪调查"（CEPS）[①] 即是使用 PPS 抽样法获取样本的典范。以下

---

① 中国人民大学中国调查与数据中心（NSRC）设计与实施的大型追踪调查项目——"中国教育追踪调查"（China Education Panel Survey，CEPS）。该项目始于 2013 年，采用 PPS 抽样法，样本覆盖全国 28 个县级单位（县、区、市），参与调查的学校共计 112 所，班级共计 438 个，调查对象包括学生、家长、教师、学校负责人。CEPS 是目前教育领域中具有全国代表性的数据资料之一。

将以 CEPS 的基线调查（2013—2014 学年）抽样方案为例，对 PPS 抽样法进行详解。CEPS 基线调查把整个抽样过程分为四个阶段，详见表 5-1。[①]

表 5-1   CEPS 基线调查抽样方案

抽样阶段	抽样单元
第一阶段	在全国县（区）级行政单位中抽取 28 个县（区）
第二阶段	在每个样本县（区）所辖地理范围内分别抽取 4 所开设了七年级和/或九年级的学校
第三阶段	在每所样本学校中分别抽取 4 个班级，包括 2 个七年级班和 2 个九年级班
第四阶段	样本班级的所有学生、家长、班主任、主科目（语数英）任课教师以及学校领导构成最终调查样本

第一阶段，抽取样本县（区）共计 28 个。样本县（区）的抽取又拆分为三个抽样框。抽样框一，在全国所有有常住人口的 2870 个县（区）级行政单位中使用简单随机抽样法，抽取出 15 个作为核心样本。抽样框二，为充分反映特大城市上海市的特殊情况，将上海市所辖 18 个县（区）单独作为一个抽样框，从中抽取 3 个县（区）作为补充样本。先用简单随机抽样法 18 取 1，得到一个补充样本县（区），然后将 18 个县（区）中拥有大量流动人口的 13 个县（区）作为子抽样框，用简单随机抽样法 13 取 2，得到两个补充样本县（区）。抽样框三，考虑到全国拥有大量流动人口的县（区）共有 120 个，为使更多的流动儿童与随迁子女被抽取，从而充分反映流动人口对教育过程和教育不平等的影响，在其中用简单随机抽样法进行 120 取 10，抽取出 10 个补充样本县（区）。最终，共计获得 13 个补充样本县（区），15 个核心样本县（区），总计 28 个样本县（区）用于调查研究。

第二阶段，抽取样本校。在每个样本县（区）中分别抽取 4 所开

---

① 根据 CEPS 官网提供的信息予以整理，具体详见《中国教育追踪调查（CEPS）抽样设计》，http://ceps.ruc.edu.cn/xmwd/cysj.htm。

设了七年级和/或九年级的学校作为样本校。与地方教育部门合作，获取当年（2013—2014 学年）最新统计的学校名单、学校类型、学校规模等资料，运用简单随机抽样法抽取出样本学校。

第三阶段，抽取样本班。在每所样本学校中的七年级和九年级当中，各自分别抽取两个班级，也即抽取出两个七年级班和两个九年级班。

第四阶段，样本班级的所有学生、家长、班主任、主科目（语数英）任课教师以及学校领导构成最终的调查样本。通过这种方式最终获取的有效学生样本为 19487 个，有效家长样本为 19487 个，有效教师样本为 438 个，有效校领导样本为 112 个。

第三节　方便抽样

在定量研究的抽样方法中，随机抽样是理想情况下的首选。但是，由于种种原因（例如经费、精力、严谨程度等限制），当随机抽样实在没有条件落地实施的时候，方便抽样是向现实做出妥协的一种替代性方案。

方便抽样是指为配合研究主题，采用方便或就近的原则，选出被调查者，它是一种非概率抽样方法。方便抽样的优点是方便简单，节约时间和经费；缺点是由于调查人员往往选择离自己最近的或最容易接近的人作为被调查者，所以样本代表性有待进一步商榷。

尽管如此，方便抽样在实际抽样中也并非完全不能使用。我们经常可以看到一些研究者（甚至是资深研究者）通过转发微信朋友圈的方式进行问卷调查，这就是方便抽样当前最为常见的例子。实际上，在国际上影响因子较高的 SSCI 教育学刊物也时常能见到基于方便抽样的调查研究论文。

例如，中国香港中文大学侯杰泰教授——国际知名的教育心理学与统计学专家——在其论文 *Australian and Chinese Teacher Efficacy：Similarities and Differences in Personal Instruction，Discipline，Guidance Efficacy and Beliefs in External Determinants* 中使用了方便抽样法。[①] 在文中，作者实事求是地指出，尽管没有使用随机抽样方法，但这些教师样本涉及多个任教科目，取自好、中、较差不同水平的学校，因而仍然具有较好的代表性。

第四节　抽样误差与样本容量

在抽样调查中，存在着两种抽样误差。一种是由于主观因素破坏了随机性原则而产生的误差，称为系统性误差。另一种是由于抽样的随机性、偶然性而引起的代表性误差。此处我们讨论的抽样误差是指后者——代表性误差，抽样误差越小，则样本的代表性越好，反之亦然。其公式如下（式 5 – 1）：

$$代表性抽样误差 = \frac{总体的异质性程度（方差）}{样本容量} = \frac{S^2}{N} \quad 式 5 - 1$$

由式 5 – 1 可知，在满足随机抽样的前提下，代表性误差与总体的异质性程度成正比，而与样本容量成反比。通常情况下，我们的研究对象——研究的总体往往是研究者自身不可控的，但样本容量却是相对可控的。因此，代表性抽样误差的问题就最终转化为样本容量问题。样本容量的经验建议如表 5 – 2 所示。[②]

表 5 – 2　　　　　　　　　　样本容量的经验建议

总体规模（人）	< 100	100—1000	1000—5000	5000—1 万	1 万—10 万	> 10 万
样本占总体的比重（%）	< 50	50—20	30—10	15—3	5—1	> 1

① Irene T. Ho and Kit – Tai Hau, "Australian and Chinese Teacher Efficacy: Similarities and Differences in Personal Instruction, Discipline, Guidance Efficacy and Beliefs in External Determinants", *Teaching and Teacher Education*, Vol. 20, No. 3, April 2004, p. 313.

② 袁方主编：《社会研究方法教程》，北京大学出版社 1997 年版，第 228 页。

续表

总体规模 （人）	<100	100— 1000	1000— 5000	5000— 1万	1万— 10万	>10万
经验建议样本量 （人）	<50	50—200	300—500	300—750	500—1000	>1000

　　除了上述经验建议之外，样本容量还需要考虑抽样的置信水平与置信区间。实际上，不同的研究目的与项目要求，往往对代表性抽样误差有着不同的接受程度。因此，当我们决定了可接受的抽样误差程度时，便能够以此为依据，大致估算出需要抽取的样本量，具体见表5－3。①

表5－3　　不同接受度的抽样误差、置信水平与样本量之间的关系

抽样误差的可接受程度（%）	95%置信水平	99%置信水平
1	9604	16589
2	2401	4147
3	1067	1849
4	600	1037
5	384	663
6	267	461
7	196	339

　　需要指出的是，表5－3当中给出的样本量属于有效样本量，而在真实情境中，取样回来的样本往往由于废卷难免有一定的损耗。因此，在抽样设计中，计划的抽样数量应该高于理论所需量。例如，如果我们希望有95%的信心让研究结果与总体参数值的差异在正负5%的范围内，那么我们需要样本量理论值为384，再综合考虑损耗，计划抽取400人或450人为宜。

　　最后，再来总结一下抽样方法。对于定量研究的取样，应当尽可能

———————————

　　①　袁方主编：《社会研究方法教程》，北京大学出版社1997年版，第225页。

地满足样本的随机性原则。随机抽样包括简单随机抽样与复杂随机抽样两大类。但是，万变不离其宗，简单随机抽样的基本逻辑是各种复杂随机抽样方式的源头。当然，简单随机抽样在多数实际情境中并不能直接使用，更为常见的是运用 PPS 抽样法进行取样。另外，由于现实情况的复杂性与研究条件的限制，如果实在无法实现随机抽样，那么方便抽样也是一种与现实妥协的替代方案。

第六章 变量获取：问卷调查

任何一种研究方法范式都有其基本的视域之眼，这种视域之眼通俗来说，就是某一学术共同体对世界的基本理解与看法，即如何理解世界的基本存在形式。对于一个实证研究者而言，世界的基本存在形式是多样纷繁的变量。换言之，变量即实证研究最为基本的构成要素。而在实证研究中，问卷则是收集或测度变量的重要途径之一，或曰问卷是变量的载体。基于此，本章着力讨论变量与问卷调查的问题。

第一节 变量及其分类

变量纷繁多样，依据不同的原则，可以做出多种划分。例如，根据可进行代数运算的复杂程度可以把变量划分为四种类型：称名变量、次序变量、等距变量、比率变量。根据变量取值区间的连续程度，可以把变量划分为间断变量与连续变量。根据变量测量的复杂程度，可以把变量划分为显变量与潜变量。以下首先介绍四种类型的变量。

一 四种类型的变量

（一）称名变量（Nominal Variable）

称名变量，也叫做名称变量或名义变量，只涉及某一事物与其他事物在名称、类别或属性上的不同，并不涉及事物与事物之间差异的大小、顺序的先后、质的优劣。简言之，称名变量是用数字指代事物，也即仅用数字作为事物的代码。

例如，性别、民族等即是称名变量，身份证号、邮政编码等也可以视为称名变量的实际应用。在称名变量中，数字只是代码而已，没有任何实质性的数量意义，因此，这种类型的变量不能进行代数运算。称名变量在 SPSS 中的选定方法如图 6 - 1 所示。

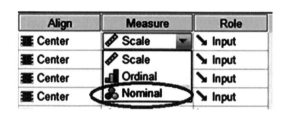

图 6 - 1　称名变量在 SPSS 中的选定

（二）次序变量（Ordinal Variable）

次序变量，也称为顺序变量、阶序变量、等级变量。次序变量比称名变量更进一步，它不仅是作为事物的代码，同时也反映出事物的等级、次序，标识出事物在数量多少上的属性差异。

例如，年级、受教育程度等即是典型的次序变量。次序变量在本质上仍然属于称名变量，只不过它是带有一定次序的称名变量，因此，这种类型的变量也无法进行代数运算。次序变量在 SPSS 中的选定方法如图 6 - 2 所示。

Align	Measure	Role
Right	Scale	Input
Right	Scale	Input
Right	Ordinal	Input
Right	Nominal	Input

图 6 - 2　次序变量在 SPSS 中的选定

（三）等距变量（Interval Variable）

等距变量，也称为定距变量、间距变量。等距变量是指属性间的逻辑差距可由有意义的标准间距来表达，反映事物的相对强度、大小、位置等。需要强调的是，等距变量只是一个相对值，没有绝对零点。

　　举例来讲，满意度测量、疼痛度测量（如图 6 - 3 所示）等典型的等距变量。尽管是一个相对值，但是等距变量已经具备了相当程度的数学意义，可以进行较为复杂多样的代数运算。等距变量在 SPSS 中的选定方法如图 6 - 4 所示。

| 0 | 2 | 4 | 6 | 8 | 10 |
| 无痛 | 有点痛 | 轻微疼痛 | 疼痛明显 | 疼痛严重 | 剧烈痛 |

图 6 - 3　医疗中的疼痛度测量

Align	Measure	Role
Right	Scale ▼	Input
Right	Scale	Input
Right	Ordinal	Input
Right	Nominal	Input

图 6 - 4　等距变量在 SPSS 中的选定

（四）比率变量（Ratio Variable）

　　比率变量，具有某种标准化的单位（例如米、克等），同时又具有绝对零点。相比而言，等距变量使用的是主观上的逻辑间距，没有客观单位，因而是相对值；比率变量使用的是客观上公共认同的标准与意义，不依赖于个体的主观判断。

　　比率变量在社会科学研究中被广泛使用。例如，身高（厘米）、体重（公斤）、工资（元）、年龄（岁）、教龄（年）等等。比率变量在 SPSS 中的选定方法与等距变量完全相同（见图 6 - 4），这是因为在 SPSS 中把比率变量和等距变量合并归类为测量变量（Scale Variable）。

二 间断变量与连续变量

在实证量化研究中，根据变量取值区间的连续性程度，可以把变量划分为间断变量与连续变量。间断变量（Noncontinuous Variable）也称为类别变量（Categorical Variable）或定性变量（Qualitative Variable），其数值的意义在于分类或定性描述。

例如，性别、民族、年级等即是间断变量，换言之，称名变量、次序变量都属于间断变量。另外，需要指出的是，一般把仅有两个类别成分的间断变量称为二分变量（Dichotomous Variable）。二分变量在实证量化研究中极为常见，例如，性别（男—女）、是否为班主任（班主任—非班主任）、户籍（农业—非农业）等等。

连续变量（Continuous Variable）也称为定量变量（Quantitative Variable），连续变量在取值上可以不断切分为无限多个更小单位的数值。例如，年龄可以是 1 岁整，也可以是 1.2 岁、1.65 岁、2.588 岁等；总之，年龄的单位可以是年，也可以是月、日，还可以是更小的单位，如小时、分、秒、毫秒等。

比率变量是一种典型的连续变量，另外，在实证量化研究中，一般把等距变量近似视作连续变量来处理。因此，连续变量包括等距变量（近似）与比率变量。最后，需要特别强调一点，在调查研究中，对于同一个变量，如果能以连续变量方式收集的，就不应以间断变量的方式收集。原因在于连续变量在数据处理中可以转化为间断变量，反之则不行。

三 显变量与潜变量

根据测量的复杂程度，把变量划分为显变量与潜变量。显变量（Observable Variable）也称为观察变量，是指某一道具体的题项。特别需要强调的是，不能从字面意思理解"显"变量，并不是直观的看得见的变量就等于显变量。

显变量和题项数量有关，如果只用了一道题来进行测量，那么这个变量就称为显变量。例如，教师工作满意度，如果只设置一道题项进行测量："总体而言，您对您所从事的教师工作是否感到满意，请打分，满分5分"。此时，教师工作满意度即被视为一个显变量。

潜变量（Latent Variable）也叫做内隐变量，是指无法直接被观测到的，或仅用一道题测量很不准确的，需要借助两个或两个以上的题项之间的共变关系来估算的变量。潜变量往往是一些抽象的概念，例如，学生的创新思维、教师的教学胜任力、校长的领导力等，这些都属于潜变量，需要借助若干道题项进行测度。

显变量和潜变量二者之间是可以相互转化的。例如，教师工作满意度，如果只用一道题项去测量，那么此时它就是作为显变量而存在；如果觉得这一道题项测量很不准确，不足以真实、完整地反映出教师工作满意度，想要用好几道题项进行测量，那么此时它就作为潜变量而存在。由此可见，在变量的测量中，可以化"显"为"潜"，反过来也可以化"潜"为"显"。

第二节 问卷的类型

问卷是变量的载体，是实证量化研究中重要的变量数据获取途径之一。根据问卷主体内容构成上的不同，可以把问卷分为广义上的问卷与狭义上的问卷两类。广义上的问卷既包括开放式问卷，也包括封闭式问卷；狭义上的问卷仅指封闭式问卷。

所谓开放式问卷，是指问卷中的题项主要由主观题构成。开放式问卷常常运用在预研究阶段，目的是为编制封闭式问卷而做准备，具有探索性。所谓封闭式问卷，也叫结构式问卷，是指问卷中的题项主要由客观题（选择题）或量性数据构成。在绝大多数情况下，说到"问卷"主要是指狭义上的问卷，本章也不例外。

第三节 问卷的框架结构

问卷的基本框架主要包括：标题、指导语、背景变量、正文、结尾。以下将详细介绍各部分的一些情况。

一 标题

从小学开始，老师就要求我们写作文的时候一定要取一个清晰的标题，从这个标题一眼就能看出作文的中心主旨。然而，这种清晰性原则在问卷的标题中并不适用。

原因在于，过于清晰明显的标题，往往会对应答者造成过多的心理暗示与倾向，为避免过多的诱导与反应定势，力求尽量客观地获得回答信息，问卷的标题需要采用模糊化处理原则，即一般起一个相对笼统、含糊的标题。例如，《学生生活问卷》《教师工作状况调查问卷》等。

二 指导语

指导语，也叫表头，通常放在题目的下边，如图 6-5 所示。指导语主要包括：开头问候、介绍研究、填答原则、致谢、落款。指导语的一些注意事项如下。

教师工作状况调查问卷

尊敬的各位老师：

您好！

我们正在进行一项关于×××××××××××××××××××××××的课题研究。本调查的完成真诚需要您的积极配合，答案没有对错之分，调查信息只进行团体分析，绝不针对个人。因此，您在回答时不必有什么顾虑，请根据您的实际情况作答即可。真诚感谢您在百忙中抽空填答此问卷，深深感谢您的积极合作与热心支持！

×××××××××××

图 6-5 问卷的指导语示例

首先，指导语的开头问候应当礼貌、正式或者亲切（视具体情况而定）。其次，指导语通常用一句话简要且模糊地介绍一下研究。第三，介绍回答的注意事项与原则——重点强调"答案没有对错之分""只进行团体分析，绝不针对个人"等。第四，对回答者致谢。第五，落款，位置在右下角，一般写单位、机构、小组等。如果研究者隶属于机构，则落款写相应的机构，如果是研究生自主开展的课题，也可以写"XX研究小组"或"XX课题小组"。最后需要强调的是，虽然指导语往往是一些程式化的语句，但是作为程序完整性的一部分，仍然是必不可少的要素之一。

三 背景变量

背景变量是指一些与个人的背景情况有关的信息，例如，性别、年龄、收入、受教育程度，等等。当然，在一次研究中需要采集哪些背景变量，这需要结合研究主题与研究目的来确定，不能一概而论。

在教育研究中，学生的家庭社会经济地位是一个非常重要的变量，很多国际著名的大型教育调查均会涉及此变量。例如，国际学生评估项目、国际数学与科学教育成就趋势研究等。鉴于该指标的重要性，对它的收集几乎成了定量研究者的一项基本功，以下重点介绍其收集与估算方法。[①]

家庭社会经济地位，是对学生原生家庭的关键成员（通常情况下是父母）的社会与经济地位的测度，一般包括受教育程度、职业声望、收入水平等，反映了学生及其家庭在某一社会系统中的相对位置。测度家庭社会经济地位指标的基本思路是，先分别求得各个分指标的度量值，然后运用探索性因子分析的方法进行合成。具体如下。

---

① 学生的家庭社会经济地位（SES）是影响学生发展的重要因素，也是考察教育公平的重要指标，其测量方法的科学性对研究结果的可靠性有重要影响。目前，较为详尽、系统地探讨 SES 问题的经典论文，推荐参阅《教育学报》2010 年第 5 期中学者任春荣的《学生家庭社会经济地位（SES）的测量技术》一文，以及《上海教育科研》2009 年第 12 期中学者占盛丽的《从个人和学校视角看家庭社会经济地位对学生学业成绩的影响——国际学生评估项目（PISA）的启示》一文。

（一）测度父母的受教育程度

收集父亲和母亲各自的文化程度变量，如图6－6所示。并将二者分别转化为相应的平均受教育年限，然后取二者当中的较高值（注意：不是平均值）。

你妈妈的教育水平是：
1.没受过任何教育　　2.小学　　　3.初中　　　4.中专/技校　　5.职业高中
6.高中　　　　　　　7.大学专科　8.大学本科　9.研究生及以上

你爸爸的教育水平是：
1.没受过任何教育　　2.小学　　　3.初中　　　4.中专/技校　　5.职业高中
6.高中　　　　　　　7.大学专科　8.大学本科　9.研究生及以上

图6－6　父母的受教育程度测度示例

平均受教育年限参照国际教育标准分类（International Standard Classification of Education，ISCED）[①]并根据中国现行学制的实际情况进行折算，如表6－1所示。

表6－1　　　　　**国际教育标准分类（ISCED）、中国对应学段**
与平均受教育年限折算

ISCED 教育类别水平	中国对应学段	平均受教育年限（年）
Level 0	文盲/没有读完小学	3
Level 1	小学毕业	6
Level 2	初中毕业	9
Level 3B/3C	职业高中/中专/技校毕业	12
Level 3A	普通高中毕业	12
Level 5B	专科（非本科类高等教育）毕业	15
Level 5A	本科毕业	16
Level 6	研究生毕业	19

注：（1）"文盲/没有读完小学"一律按照3年计算；（2）Level 4 的内容为"高中毕业后的职业培训证书（6个月—2年）"，在中国大陆地区并不适用，因此表格中将 Level 4 省略；（3）在 ISCED 中，平均受教育年限为16年封顶，本表进行了一定程度的改编，即结合中国大陆地区的实际，将 Level 6 赋值为19年（即包括硕士研究生与博士研究生）。

[①]　国际教育标准分类是联合国教科文组织于1976年，根据第十届大会通过的关于国际教育统计标准的建议而制定的，在学界具有较高的认可度。

需要说明的是，如此折算转换的目的在于把等距变量转换为比率变量。但是在实际的研究中，等距变量是可以视为比率变量进行统计分析的，因此，也可以直接使用转换前的原始变量。

（二）测度父母的职业声望

借鉴 CEPS 的做法，把职业划分为九个大类，另外，还设定了一个"其他"选项备选，如图 6-7 所示。[①] 需要强调，父母的职业声望最终是取二者的最高值，而不是平均值，这一点需要特别注意。

B8.你父母是做什么工作的?

	母亲	父亲
国家机关事业单位领导与工作人员	1	1
企业/公司中高级管理人员	2	2
教师、工程师、医生、律师	3	3
技术工人（包括司机）	4	4
生产与制造业一般职工	5	5
商业与服务业一般职工	6	6
个体户	7	7
农民	8	8
无业、失业、下岗	9	9
其他	（请注明＿＿＿＿）	（请注明＿＿＿＿）

图 6-7　父母的职业声望测度示例

需要说明的是，这九个职业类别的声望赋值在逻辑上是逆向的，即从 1—9，声望越高分值反而越低。因此，在作为复合指标使用时，应当对分值进行反向转换，即把 1—9 都相应地反向转换为 9—1，如此才能保障逻辑上的一致性。具体操作如下。

步骤一，依次点击菜单：Transform/Recode into Different Variables（图 6-8）。之后会出现转换对话框。

步骤二，如图 6-9 所示。在转换对话框中，首先把左栏里的"你妈妈是做什么工作的"变量放入中间的"Numeric Variable → Output

---

① 中国学术调查数据资料库：《中国教育追踪调查（2013—2014 学年）基线调查》，2014 年 1 月 3 日，http：//www.cnsda.org/index.php? r = projects/view&id =72810330，2022 年 9 月 10 日。

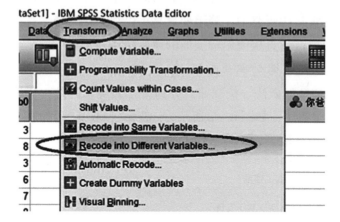

图 6 − 8　分值转换操作步骤示例一

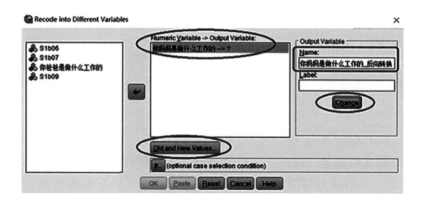

图 6 − 9　分值转换操作步骤示例二

Variable"栏。然后，在"Output Variable"的"Name"条形格中输入转换后新生成的变量名称，本例中为"你妈妈是做什么工作的_反向转换"，点击"Change"。最后再点击"Old and New Values"，出现新的对话框。

步骤三，输入新值与旧值之间的转换规则。以旧值"9"转换为新值"1"为例，如图 6 − 10 所示，在左侧"Old Value"的"Value"条形格中输入"9"；在右侧"New Value"的"Value"条形格中输入

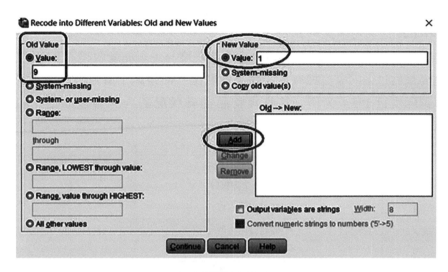

图 6 - 10　分值转换操作步骤示例三

"1"；然后点击"Add"，在右下方的"Old→New"方框中，会出现"9→1"的字样，这就是在 SPSS 中设置了我们的新旧值转换规则。如法炮制，依次将 9 个旧值全部都转换为新值，如图 6 - 11 所示。最后，点击

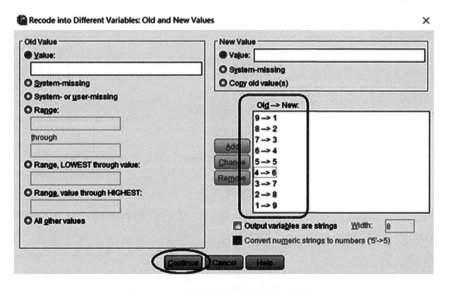

图 6 - 11　分值转换操作步骤示例四

"Continue"，再点击"OK"，就完成了反向转换。

（三）测度家庭的经济状况

家庭经济状况的测度可以分为客观测度与主观测度两类。客观测度主要是通过询问家庭拥有特定物品的状况，间接地了解家庭经济信息。以国际项目 PISA 为例，其收集物品拥有状况的内容整理如图 6-12 所示。[①]

序号	你家中有下列物品吗？ （请在每一行选择一个方框打"√"）	有	没有
1	一张学习用的书桌		
2	一个你自己的房间		
3	一个安静的学习场所		
4	一台你可以用来完成学校作业的电脑		
5	教育软件		
6	互联网		
7	你自己的计算器		
8	经典文学作品（各国自选项）		
9	诗词集		
10	艺术品（例如绘画作品）		
11	教辅读物		
12	字典、辞典		
13	各国（或地区）自选物品 A		
14	各国（或地区）自选物品 B		
15	各国（或地区）自选物品 C		

图 6-12　家庭经济状况客观测度示例（PISA 物品信息收集）

计分方面，如果选"有"则得 1 分，如果选"没有"则得 0 分，然后对所有物品选择后的分值进行累加，最后就得到了经济状况的客观测度值。还需要说明一点，各国或地区在整体经济状况上存在差异，在

---

① 图中笔者主要参考了 PISA 的物品清单内容，但并没有完全照搬，而是根据中国的实际情况进行了微调。

一个国家或地区已经普及了的物品，在另一个国家或地区可能尚属于稀缺品，这就会导致没有放之四海而皆准的"物品"。为了回应这一问题，PISA指出，如果学生家庭对某件物品的拥有比例在20%—80%，则该物品即被认定为在该国家或地区是具有代表性的。

主观测度方法相对较为简洁，仍然以CEPS为例，其测度方法主要如图6-13所示。即以等距变量的方式，仅通过一道题项进行采集，选项从家庭经济状况"非常困难"到"很富裕"。

B9.目前你家经济条件如何?
　　1.非常困难　　　2.比较困难　　　3.中等　　　4.比较富裕　　　5.很富裕

图6-13　家庭经济状况主观测度示例

以上两种测度方法各有优劣。客观测度相对较为精确，缺点是涉及题项较多，增加了答题时间成本，也会增加后期分析的复杂度。主观测度一般只设置一个题项，简单易操作，缺点是基于填答者的主观感受，测度结果具有一定的相对性。在实际的研究过程中，可以酌情选择合适的测度方法。

（四）SES指标的总合成计算

对以上测度出的父母受教育程度、职业声望、收入水平三个指标进行探索性因子分析，最终求得SES分值。SES的计算公式如下（式6-1）。

$$SES = \frac{a\,x_1 + b\,x_2 + c\,x_3}{W} \qquad 式6-1$$

在式6-1中，x_1为受教育程度，x_2为职业声望、x_3为收入水平；a、b、c分别为通过探索性因子分析求得的系数；W为通过探索性因子分析求得的百分占比。以下仍以CEPS中的学生基线原始数据为例进行操作演示。

首先，采用非折算转换的方法，直接使用原始的父母受教育程度变量，但需要取二者中的最高值，即为x_1，具体操作如下。使用变量间的代数运算功能，依次点击菜单：Transform/Compute Variable，出现对话框，如图 6 - 14 所示。

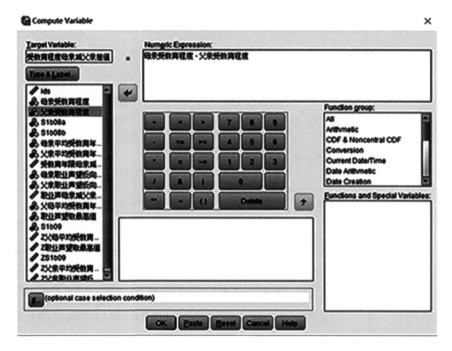

图 6 - 14　变量间的代数运算（Compute Variable）示例

在 Target Variable 中输入即将运算新生成的变量名称，本例中为"受教育程度母亲减父亲差值"；在 Numeric Expression 里输入运算规则，本例中为"母亲受教育程度 - 父亲受教育程度"。

然后点击"OK"就得到了新生成的变量"受教育程度母亲减父亲差值"（新生成的变量总是出现在"Data View"的最右侧，下同）。对新生成的变量由高到低进行排序，操作如图 6 - 15 所示。在变量的名称上用鼠标点击右键，弹出菜单，点选"Sort Descending"，排序即自动完成。

排序后，新建一个变量"父母受教育程度二者中的最高值"，变量"受教育程度母亲减父亲差值"大于等于 0 的情况都是母亲受教育程度较高或二者相等，把此种情况下"母亲受教育程度"的有关数值复制

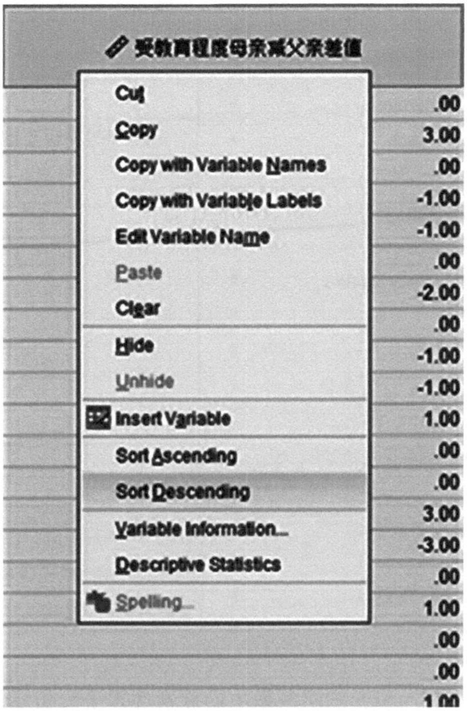

图 6-15　变量排序（Sort Descending）示例

粘贴到变量"父母受教育程度二者中的最高值"当中；小于 0 的情况都是父亲受教育程度较高，把此种情况下"父亲受教育程度"的有关数值复制粘贴到变量"父母受教育程度二者中的最高值"当中。这样就最终得到了一个完整的变量 x_1：父母受教育程度二者中的最高值。

其次，求出职业声望 x_2，同样也是取父母二者当中的最高值。最终得到新生成的变量 x_2 "职业声望取最高值"。

最后，通过探索性因子分析求出 a、b、c 系数以及 W 值，最终求得 SES 的测度值。具体操作如下。

步骤一，依次点击菜单：Analyze/Dimension Reduction/Factor（图 6-16）。然后出现"Factor Analysis"对话框。

步骤二，在"Factor Analysis"对话框中把需要分析的变量从左侧

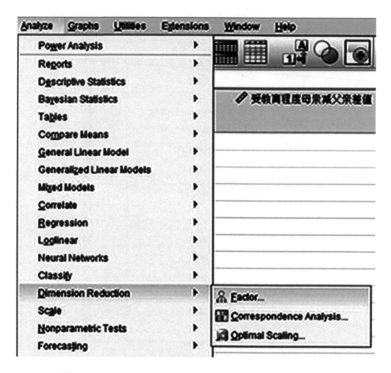

图 6 – 16　SES 求解系数中的探索性因子分析示例一

栏选入到右侧的"Variables"栏目中。如图 6 – 17，本例中是把 x_1 "父母受教育程度二者中的最高值"、x_2 "职业声望取最高值"、x_3 "收入水

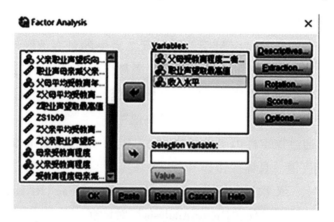

图 6 – 17　SES 求解系数中的探索性因子分析示例二

平"三个变量放入右侧"Variables"栏目中。然后点击"OK"，运算出结果。

SES 求解系数中的探索性因子分析结果如图 6 – 18 所示。在"Total Variance Explained"表格中，特征根大于 1 的第一个主成分的累积解释量即是 W 值，此处 $W=56.808\%$。在"Component Matrix"表格中的因子负荷值即需要求解的 a、b、c 系数，本例中分别是 a = 0.811、b = 0.811、c = 0.624。

Total Variance Explained

Component	Initial Eigenvalues			Extraction Sums of Squared Loadings		
	Total	% of Variance	Cumulative %	Total	% of Variance	Cumulative %
1	1.704	56.808	56.808	1.704	56.808	56.808
2	.792	26.387	83.195			
3	.504	16.805	100.000			

Extraction Method: Principal Component Analysis.

Component Matrix[a]

	Component
	1
父母受教育程度三者中的最高值	.811
职业声望取最高值	.811
目前你家经济条件如何	.624

Extraction Method: Principal Component Analysis.

a. 1 components extracted.

图 6 – 18 SES 求解系数中的探索性因子分析结果示例

步骤三，进行变量间的代数运算最终得到 SES 测度值。依次点击菜单：Transform/Compute Variable，出现对话框，在 Numeric Expression 方格中代入公式 6 – 1：$(0.81 \times x_1 + 0.81 \times x_2 + 0.624 \times x_3)$ /56.808%。这样最终就求得了 SES 测度值。

四 问卷正文

问卷正文由若干道题项构成。从理论上来讲，所有的题项无外乎两类，一类是显变量，另一类则是潜变量。问卷正文就是由若干形式各样的显变量与潜变量构成。关于问卷的题项编制技巧与注意事项，将在后文详述，此处暂不展开。

五　问卷结尾

问卷结尾示例如图 6 – 19 所示。结尾部分的内容主要包括致谢、意见或建议、联系方式等。就实际的研究经验而论，意见或建议部分的填答率一般都不高，但恰恰是应答率不高的这部分内容，往往具有较高的价值，对以后的改进与完善会产生很大的帮助。另外，留下电子邮箱的人往往也不多，这部分内容的设计主要是为了满足填答者对研究的知情权。如果应答者没有留下邮箱，这被视为自动放弃了知情权，如果应答者留下了邮箱，则应当遵守承诺把有关成果信息发送给对方。

� 问卷调查到此结束，真诚感谢您的积极配合！

✻ 如果您对本次问卷调查有什么意见和建议，请您畅所欲言：
_____

✻ 再次感谢您对本次调查的参与，烦请留下您的电子邮箱，后期我们将把有关的研究成果摘要分享给您。
✉ 您的电子邮箱（E-MAIL）：_____

图 6 – 19　问卷结尾示例

第四节　问卷设计中的常见题型

上一节介绍了问卷的基本框架结构，本节主要谈谈问卷设计中常见的几种题型。

一　开放式文字题型

开放式文字题型就是我们经常说的主观题，不需要列出答案，形式简单，设计时只需在问题下面留一块空白，由填答者自行填答即可。开放式问题一般运用于以下两种场景。

一种场景是量化研究的预研究阶段，主要收集一些质化信息用于更加有针对性地进行下一步的问卷编制。另一种场景是用于正式研究阶段中的个人背景信息采集或问卷结尾中的个人信息收集（如图 6 – 19）。

二 填空式题型

填空式题型用于既易于回答，又方便填写的问题。与开放式文字题型的区别在于，开放式文字题型主要是用于获取一些质性的文字信息，而填空式题型主要是用于获取一些量性的数字信息，其示例如下。

您班级有学生_____人。

您担任班主任_____年。

三 是否式题型

以"是""否"为选项的题型，其本质是一个二分变量。示例如下。

您是中学教师吗？是 □　否 □

四 多项单选式题型

选项答案至少有两个（是否式题型在本质上也属于此类），规定只能选择其一，是较为经常采用的题型形式。示例如下。

您的文化程度：

（1）初中及以下 □　（2）高中 □

（3）大专 □　（4）本科 □　（5）研究生 □

五 多项限选式题型

在列举的多个答案中，从中选择若干个选项，在调查问卷中也较为常见。示例如下。

您喜欢看哪些电视节目？（请从下列答案中选择三项打√）

（1）新闻节目 □　（2）电视剧 □　（3）体育节目 □

（4）广告节目 □　（5）教育节目 □

（6）歌舞节目 □　（7）少儿节目 □

（8）其他节目（请注明）□＿＿＿＿＿＿＿＿＿＿＿

六　排序式题型

在列举的多个答案中，从中选出若干个选项，并加以排序。示例如下。

您认为目前中小学综合实践活动课程实施存在的主要问题是：

（1）领导不重视；

（2）没有师资；

（3）没有科学的教材；

（4）教学方法不合适；

（5）没有丰富的教育资源；

（6）说不清楚。

请按您认同的顺序选择两项：

第一主要问题＿＿＿＿＿＿，第二主要问题＿＿＿＿＿＿。

除以上六种较为常见的传统题型之外，如果选择网络问卷调查，当前在问卷星、问卷网上还有很多基于网页界面的、形式较为新颖的题型，如滑动条评分题型、比重题型等，问卷调查设计者可以根据自身的研究需要灵活地选取与设置相应的题型。

第五节　问卷设计的注意事项

以上对问卷编制与设计中的一些具体方法与技术进行了一定的探讨，本节将进一步对问卷编制与设计中的一些原则与注意事项进行介绍。

一　短句原则

在问题的设问中，应当尽可能地采用短句，避免长句、从句。研究者往往倾向于使用长句子，希冀通过各种限定、修辞等把意思表达得更为精确一些。然而，实际情况却很可能让这种美好想法无法落地。原因在于，从受访者的角度来讲，由于时间有限，"受访者通常都不愿意为了理解问题而去认真分析问题"①。因此，问题的句子表述越简短越好。越能让填答者一目了然，就越会有良好的填答与回收效果。

二 设问清晰原则

设问应当清晰，避免笼统化的问题表述。例如："您经常上网吗？"这个问题的设问由于使用了"经常"一词，使得设问不够清晰。由于"经常"是一个比较模糊的、没有明确的界定标准的语词，因而在问题设计中，应当尽量避免使用此类具有模糊性特征的语词。比较恰当的问法应该是，"您上网的频率如何"。

三 避免双重含义

所谓双重含义是指"一题两问（或多问）"，即在同一个问题中同时询问了两件甚至多件事情。例如，"你的爸爸妈妈平时对你严厉吗""你喜欢你的任课老师吗""你喜欢学习数理化吗"。

四 避免否定性问句

在问句的设计上，建议全部采用肯定性的句式，避免否定性句式。这是因为"问卷中的否定，极容易导致误解"②。填答者在问卷问题的快速阅读中往往会忽略或漏看否定词，容易导致意思理解上的错判，因此，应当统一采用肯定性的问句。

五 避免带有倾向性与诱导性

倾向性与诱导性主要体现在两部分，其一是有可能体现在问句的提法不当，其二是有可能体现在选项的设置不当。先来说问句的提法。例如，"难道你不赞同这项政策吗""难道你不觉得学生学业非常内卷

---

① ［美］艾尔·巴比：《社会研究方法》，邱泽奇译，华夏出版社 2005 年版，第 241 页。
② ［美］艾尔·巴比：《社会研究方法》，邱泽奇译，华夏出版社 2005 年版，第 241 页。

吗"。诸如此类的句式会营造出强烈的倾向性，因此应当避免使用反问句式。

再来看选项的设置。在态度的测量上，选项一定要保持对称，即反面和正面的选项数应当对等，否则就会带有倾向性与诱导性。例如，"你对该项政策的赞同度如何"，如果选项设置了两个赞同的选项（"比较赞同""非常赞同"），那么也需要对等地设置两个反对的选项（"比较反对""非常反对"），否则就是在答案中隐含了倾向性。

六 关于问卷的长度

问卷的长度容量要恰当，既不宜过长，也不宜过短。一方面，问卷不宜过长，问题不能太多，题量不能太大。一般而言，五号字大小，单倍行距，A4 纸张正反双面，不超过 2 张纸（也即 A3 纸正反两面）。答题时间应控制在 30 分钟以内。另一方面，问卷也不宜过短。过短的问卷不够经济，同样做一次问卷调查，如果题量太少，说明研究设计不够充分，获取的变量十分有限，有浪费问卷调查机会之嫌。因此，问卷的长度应当适中。当然，这其中的"长短"并无绝对的金科玉律，很大程度上取决于研究需要和研究者的经验累积。

七 提供的选项在逻辑上要穷尽所有可能

在问卷设计中，还需要注意的是，如果是给定各种情形的选择，那么务必要在逻辑上穷尽所有的可能，否则就有可能出现填答者在选项上无可选择的情况。如果研究者不能确定是否已穷尽所有可能，可以设置"其他（请注明）"的选项供填答者备选。

八 废卷的甄别与判定

废卷是指在问卷调查中，因填答者不看题项就乱填乱选导致的无效问卷。在问卷调查过程中，出现一小部分比例的废卷属于不可避免的正常现象。关键在于，废卷需要在回收后予以甄别并进行剔除处理，否则会导致偏误的增大。通常会设置一道多个选项的常识题来予以甄别。示例如下。

请在下列选项中选出属于动物的两项。

(1) 电视　　(2) 苹果　　(3) 河马　　(4) 文化

(5) 咖啡　　(6) 木鱼　　(7) 哲学　　(8) 小狗

请在下列选项中选出红色。

(1) 橙色　　(2) 黑色　　(3) 白色

(4) 紫色　　(5) 红色　　(6) 绿色

通过以上类似的题项可以在很大程度上实现对废卷的甄别。另外，如果以网络进行的问卷调查，还可以进一步结合答题时间进行辅助判断，对于那些严重偏离答题均值时长（通常是落在正负几个标准差之外）的问卷，应当细心检查原始答卷，仔细甄别。

第六节　问卷的数据录入

在当今的互联网时代，问卷调查已经很大限度上实现了网络化。通过网络填写收集到的问卷，一般都可以直接导入为 SPSS 格式的文件，不存在数据录入的问题。但这并不意味着纸质版的问卷已经完全被淘汰。

如果调查对象是中小学生，不宜使用网络问卷调查。出于视力保护的需要，他们在使用电子设备方面受到严格的限制。此时，纸质问卷仍然是对中小学生实施问卷调查的首选。纸质问卷在回收后就存在着如何将数据（每一份问卷中的信息）录入到电脑中（SPSS 软件）的问题。本节将详细阐述如何运用 SPSS 进行问卷数据的录入。

一　SPSS 界面简介

SPSS 软件在运行中最为常见的两个文档格式分别为 ".sav" 和

".spv"。其中，所有的数据都存储在".sav"文档中，所有的运算结果都出现在".spv"(Output)文档中。

打开SPSS（.sav）格式的文档，如图6-20所示，在图的左下角，会有两个界面可以来回切换。其一是"Data View"界面，主要用于数据录入与分析等，其二是"Variable View"界面，主要用于变量的建立及其属性设定等。在纸质问卷的数据录入之前，首先需要在"Variable View"界面中建立与设定变量。

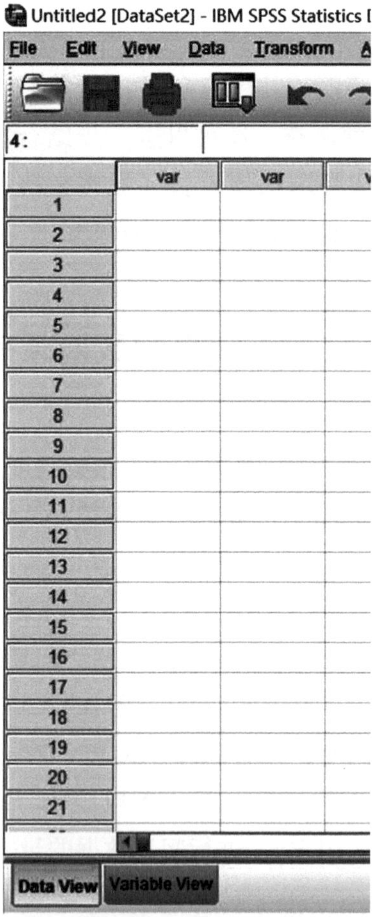

图6-20　SPSS界面示例

二 "Variable View" 界面中的变量建立与设定

点击进入 "Variable View" 界面进行变量建立与设定。这个界面包含有如下 11 列：Name、Type、Width、Decimals、Label、Values、Missing、Columns、Align、Measure、Role。其中，Width（数据视图中其他变量属性为字符时的显示符位数）、Decimals（小数点位数）、Missing（缺失值）、Columns（列宽）、Align（位置）、Role（数据角色）一般都采取默认格式即可，无需手动设定，此处不做过多介绍。以下主要介绍Name、Type、Label、Values、Measure 等几处设定。

（一）Name 列的设定

如图 6-21 所示，此列是变量名称的输入，可以是中文名称，也可以是英文名称。但需要注意的是，无法以阿拉伯数字直接开头作为变量的名称，SPSS 在变量命名上禁止此种操作。

	Name
1	ids
2	S1b08a
3	S1b08b
4	母亲平均受教育年限折算
5	父亲平均受教育年限折算
6	受教育年限母亲减父亲差值
7	母亲职业声望反向转换
8	父亲职业声望反向转换

图 6-21 变量设定 Name 列示例

（二）Type 列的设定

此列的功能是变量属性的设定。点击 Type 列方格的最右侧，会弹出设定对话框 Variable Type，如图 6-22 所示。在 Variable Type 对话框中，默认变量属性为 Numeric（数值型）变量，绝大多数情况下不用手动调整此默认设定。但是，如果遇到主观题，需要输入文字信息时，则需要把变量属性设定为 String（字符型）之后方能录入。

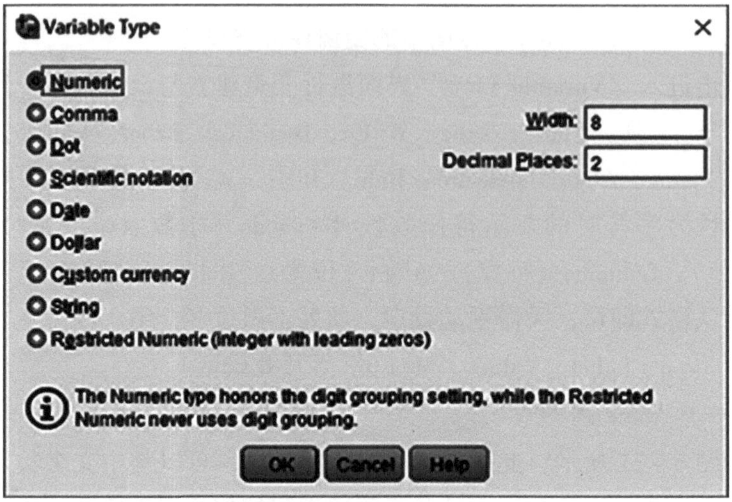

图 6 - 22 变量设定 Type 列示例（默认 Numeric）

一个汉字占用两个字符，例如，如图 6 - 23 所示，如果需要录入的文字信息为 30 个汉字，那么则需要在 Characters 中把数字设定为 60 个字符。至于其他的选项设定，一般情况下教育研究用不到，此处不作

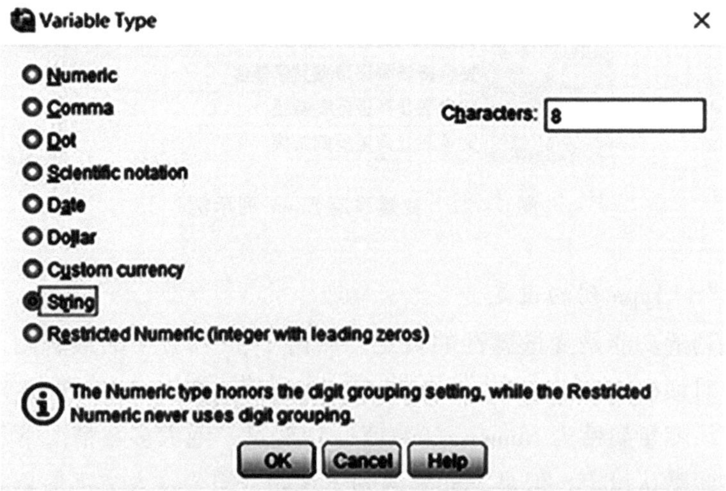

图 6 - 23 变量设定 Type 列示例（修改为 String）

介绍。

（三）Label 列的设定

在 Variable View 界面中的 Label 列，其主要功能类似于人们在日常填写表格中常常见到的"备注"一栏。即在 Label 列中一般输入的是对各变量的备注、解释、进一步的说明等信息。示例如图 6 – 24。

Name	Type	Wicth	Decimals	label
ids	Numeric	5	0	学生个人代码
S1b08a	Numeric	2	0	你妈妈是做什么工作的
S1b08b	Numeric	2	0	你爸爸是做什么工作的

图 6 – 24　变量设定 Label 列示例

（四）Values 列的设定

此列的功能是对结构式题项的选项进行预设定。在 Values 方格的右侧点击之后将会弹出 Value Labels 对话框，如图 6 – 25 所示。例如，某道题项为"您的性别：1. 女教师 2. 男教师"，此时则在 Value 方格中输入"1"，在 Label 方格中输入"女教师"，然后点击 Add；再在 Value 方格中输入"2"，在 Label 方格中输入"男教师"，然后点击 Add；最后点击"OK"即完成了 Values 列的设定（如图 6 – 26）。需要特别指出的是，此处的 Label 不要和上文中的 Label 列混淆。

图 6 – 25　变量设定 Values 列示例一

图 6 - 26　变量设定 Values 列示例二

（五）Measure 列的设定

Measure 列大家已经不再陌生，之前在变量类型中有所接触。此列只需先自行判断变量类型，然后在菜单中做出相应的选择即可（如图 6 - 27 所示）。

图 6 - 27　变量设定 Measure 列示例

通过以上几个关键列的设定，变量在录入前的 SPSS 数据库预设就基本完成了。最后再强调一点，对于纸质版的问卷录入，需要对每份纸质问卷进行编号，通常是在纸质问卷的右上角的空白地方醒目地写上数字编号——连续编号，每份唯一。此举主要是便于录入后的核查核对。由于问卷调查通常是通过匿名方式进行的，若没有编号，录入电脑后一旦想要把数据库中的问卷和纸质版问卷对应匹配起来就不可能实现了。因此，在 SPSS 数据库录入的第一个变量通常为问卷编号。

第七章 变量测度：量表设计与分析

前文已经对潜变量进行了初步的介绍，本章将继续深入而详细地探讨潜变量与量表。事实上，在教育实证研究中，经常会遇到对潜变量进行研究的情况。例如，学生的学业动机、教师的工作满意度、校长的领导风格等都属于潜变量。潜变量一般不可直接被观测，往往需要通过量表进行测量研究。而量表作为测量潜变量的媒介与工具，其科学性究竟如何保障、如何评判？本章将从量表设计的总体思路、题项分析、信度分析、结构效度分析等方面入手展开详细的讨论。

第一节 量表设计

一 量表与问卷之间的逻辑关系

问卷是一切通过书面方式进行数据或信息采集的通称，外延包含范围较为广泛。既可以是开放式问卷，也可以是结构式问卷；既可以采集显变量，也可以采集潜变量。

相较而言，量表的外延范畴窄了很多。量表在本质上是一种特殊的问卷，准确地说，它是一种高度结构式的、以采集潜变量为目的的问卷。换言之，从逻辑范畴来讲，问卷包含量表，量表属于问卷。

常见的量表类型主要包括鲍格达斯社会距离量表（Bogardus Social Distance Scale）、瑟斯顿量表（Thurstone Scale）、李克特量表（Likert

Scale)、哥特曼量表（Guttman Scale），等等。其中，尤以李克特量表在调查研究中使用最为广泛。因此，本章重点介绍李克特量表的设计与分析。如无特别说明，本章乃至本书中的量表都特指李克特量表，这一点应当首先加以明确。

二 量表设计的总体思路

量表设计的总体思路主要包括五个步骤：定义变量、划分维度、编制题项、厘定选项、预试修订。以下将对各个步骤一一进行较为详细的介绍。

（一）定义变量

定义变量是量表设计的第一步。此步骤的主要目的在于给被研究群体或事物划定边界，这种划界决定了我们研究哪些部分，而不研究哪些部分。

例如，如果打算研究"大学生"这个变量，怎么对其定义？"大学生"这个概念在本次研究中是否包含成人高考的学生，是否包含高职学生，是否包含专科生，等等。对"大学生"概念的清晰界定不仅决定着总体的抽样设计，还决定着研究结果的解释。

再例如，如果打算研究"教师"这个变量，怎么对其定义？是要研究全国的教师吗？还是要分地域（如某个省、某个地区的教师）进行研究？如果是研究"高中教师"，那么是只研究普通高中的教师呢？还是把职业高中的教师也包括进来呢？这些问题都涉及对研究变量的界定。

因此，清晰地界定研究对象，对研究变量划定边界，是进行量表设计需要考虑清楚的第一步骤。变量定义后再划分维度，再编制题项，其逻辑思维导图如图 7 - 1 所示。

（二）划分维度

维度是从自然科学中借用过来的概念，是对变量的构成元素进行划分的技术术语，即构成变量的具体剖面或层面。简言之，维度即人们观察、思考与表述某事物的思维角度。划分维度的意义在于，把抽象的变

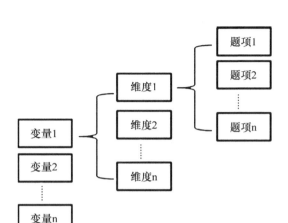

图 7 - 1　变量、维度、题项之间的逻辑关系

量整体切分为几个相对能够直观把握的部分。

以实证研究道德水平为例。显然，道德水平是一个十分抽象的概念，因此需要对其切分出一些维度方可有效把握。通常情况下，道德水平可以被划分为道德认知、道德行为、道德意志三个维度。再例如，如果想实证研究一下教师组织承诺，笔者在已有的研究中将其划分为如下三个维度：规范承诺、情感承诺、持续承诺。[①]

需要指出的是，维度划分并不必然有绝对唯一性，对于同一个变量，不同的研究者基于不同的视角，可能提出不同的维度划分。只要根据有关的理论，有理有据地提出相应的维度，能够自成体系，则都是可取的。

另外，维度通常划分为 2 个至 5 个。维度划分不宜过多，过多的维度很可能是划分不合理所致，此种情况下应当考虑对相似的维度进行合并以削减维度。

（三）编制题项

在进行变量定义与维度划分之后，量表设计即可进入第三个步

---

① 王嘉毅、赵志纯：《西部地区中小学教师组织承诺调查研究》，《教育学报》2010 年第 5 期。

骤——题项编制。具体而言，严格依据划分的维度，在不同的维度之下编制相应的题项。换言之，这些题项要紧密围绕维度，以维度为核心。在进行题项编制时，上文已述的问卷编制中的注意事项，如短句原则、避免否定性问句等都需要加以考量。在每个维度中，编制 5 - 7 题为宜。

（四）厘定选项

本书涉及的量表主要是李克特量表，因此，选项也必然是李克特式的点状分布。所谓李克特式点状分布是指，把强烈程度的选项划分为一些不同的得分点。

例如，把"赞同"的选项可以设定为"极不赞同"（1 分）、"不赞同"（2 分）、"比较赞同"（3 分）、"非常赞同"（4 分），这样就形成了一个李克特式四点量表。通常情况下，李克特式四点量表、五点量表、六点量表较为常见。

（五）预试修订

量表设计在完成了上述步骤之后，就需要进行预试。用量表进行调查研究主要分为两大环节，第一个环节是预试环节，第二个环节是正式调查实测环节。

预试研究通常在小范围内选取少量的样本（可以非随机性选取），对初步设计完成的量表进行试测试用；然后对回收后的填答量表进行相应的统计技术分析，用以检测量表设计的科学性；最后再针对检测结果，对量表进行有针对性的修订与完善。经过这些严格的步骤之后，量表才可用于正式的研究阶段。

第二节 量表的质量评估之一：题项分析

对于量表设计出来之后的质量问题，主要通过题项分析、信度分析、效度分析（结构效度）三个指标进行科学检测。本节先详细介绍题项分析的思路与方法。

一 题项分析的逻辑理路

题项分析主要评估的是区分度的问题。我们知道，好的测量（考试）题项需要具备一定的区分度，好的题项能够有效区分不同类型的被试。例如，在高考中，如果出了一道"1＋1＝?"的题项，这显然不是一个好的题项，因为人人均可作答，该题项因而没有区分度。从另一面来讲，假设出了一道极难的题项，几乎所有考生都无法作答，那么该题项也不是一个好的题项，因为它同样也没有区分度，都答上和都答不上只是一个硬币的两面而已。

由此可见，对于量表测量中的题项而言，"好"的标准究竟是什么？一言蔽之：区分度。所谓题项分析就是通过一定的量化方法，对量表中的每一道题项逐个进行统计显著性检验，即求出其临界比率值，最终判定其区分度。

临界比率值英文全称为 Critical Ratio，因而也常常称为 CR 值。量表的 CR 值是将所有被调查者各自的量表总分按照由高到低的顺序进行排列，总分前 25%—33% 者为高分组，总分后 25%—33% 者为低分组。对高分组和低分组在每一道题项上的均值差异显著性进行检验，如果小于 0.05，则达到显著性水平，具有区分度；如果大于或等于 0.05，则未达到显著性水平，区分度欠佳。

二 题项分析的具体步骤

（一）求出量表的总分

此处以用于本书练习与示范的教师调查数据库为例。假设数据库中的"四 2""四 4""四 6"……"四 22"组成了《教师工作满意度量表》，共计 11 道题项。现在要对这个量表进行题项分析以检测区分度，第一步为求出量表总分，使用变量间的代数运算功能，操作如下。

1. 点击 Transform/Compute Variable，出现对话框；

2. 在"Target Variable"中输入即将运算新生成的变量名称，本例中为"教师工作满意度总分"；

3. 在 Numeric Expression 方格中输入运算规则，如图7-2所示；

4. 点击"OK"就得到了新生成的变量"教师工作满意度总分"。

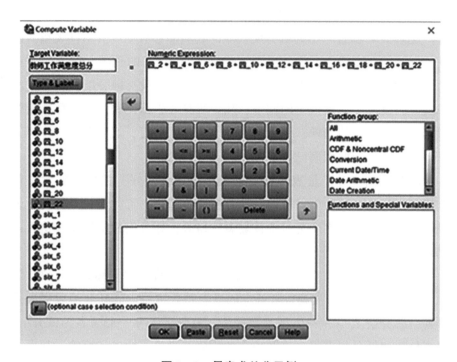

图7-2　量表求总分示例

（二）量表总分高低排列

对新生成的变量"教师工作满意度总分"由高到低进行排序，操作如图7-3所示。在变量的名称上用鼠标点击右键，弹出菜单，点选"Sort Descending"，排序即自动完成。

（三）找出高低分组上下各25%位置的分值

第一，由高到低降序排列后，找出前25%位置的分值。由于总量为1120个样本，25%位置的样本数为280个（如果是小数则通过四舍五入取整）。280位置的分值为41，如此就找到了量表高分组的分组依据，为41分及以上。

第二，由低到高升序排列后，找出前25%位置的分值。280位置不

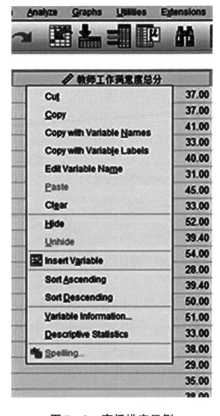

图 7 - 3 高低排序示例

变，其分值为 38，如此就找到了量表低分组的分组依据，为 38 分及以下。

（四）依据临界值进行高低分组

如上所得，高分组的临界值为 41 分及以上，低分组的临界值为 38 分及以下，进行高低分组设定，操作如下。

1. 依次点击菜单：Transform/Recode into Different Variables，出现对话框，如图 7 - 4 所示。在右侧的 "Name" 方格中输入 "教师工作满意度高低分组"，然后点击 "Change"，最后点击 "Old and New Values" 打开下一步的对话框。

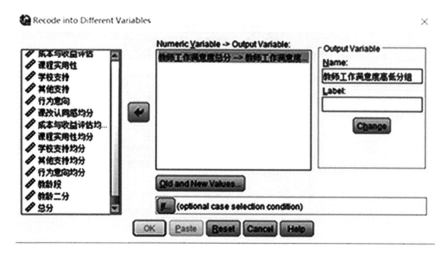

图 7 - 4　数值分组转换示例一

2. 输入低分组的转换规则，如图 7 - 5 所示，在左侧"Old Value"的"Range，LOWEST through value"条形格中输入"38"，在右侧"New Value"的"Value"条形格中输入"1"，然后点击"Add"，此举是把从最低分到 38 分的样本转换为"1"组。

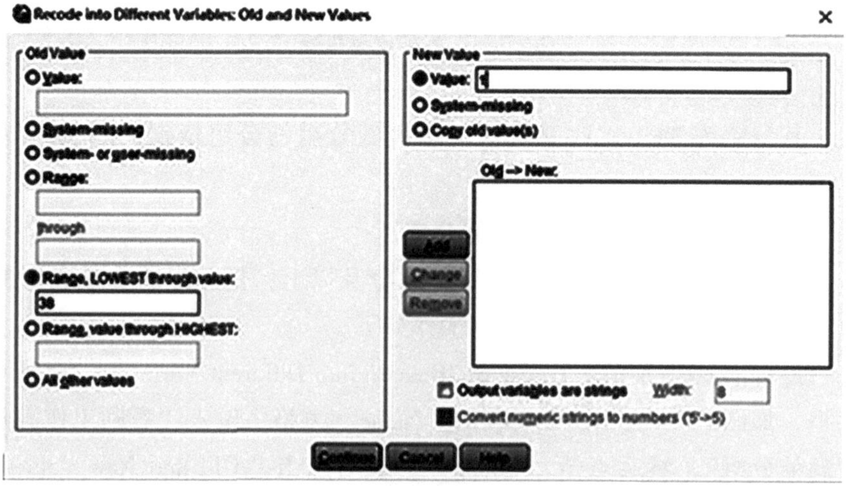

图 7 - 5　数值分组转换示例二

3. 输入高分组的转换规则，如图 7 - 6 所示，在左侧"Old Value"的"Range, value through HIGHEST"条形格中输入"41"，在右侧"New Value"的"Value"条形格中输入"2"；然后点击"Add"，此举是把从 41 分到最高分的样本转换为"2"组。最后再点击"Continue"，点击"OK"。

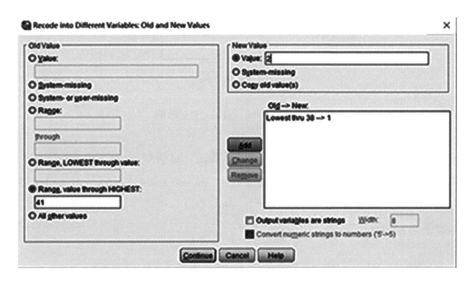

图 7 - 6　数值分组转换示例三

4. 通过以上几个步骤即完成了总分的高低分组。需要注意两点，其一，另有"中分组"的样本实际上并没有被分组，因为这与此处的任务无关，无需理会。其二，为避免遗忘，以上步骤操作完成后应当尽快完成"教师工作满意度高低分组"这一变量的"Value Labels"定义，如图 7 - 7 所示。

（五）对高低分组进行独立样本 T 检验

进行完高低分组的最终目的是完成每一道题项的组间独立样本 T 检验。此处的检测逻辑是，对于某道题项而言，如果其高低分组之间存在着显著的均值差异，那么该题项具有区分度（鉴别力）；如果其高低分组之间没有显著的均值差异，那么该题项则没有区分度（鉴别力）。具体操作如下。

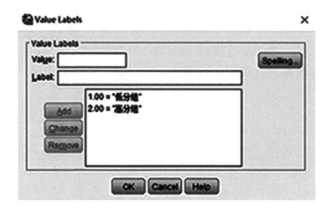

图 7 - 7   Value Labels 定义示例

1. 打开 "Independent - Samples T Test" 对话框

依次点击菜单：Analyze/Compare Means/Independent - Samples T Test（如图 7 - 8 所示），出现 "Independent - Samples T Test" 对话框（如图 7 - 9 所示）。

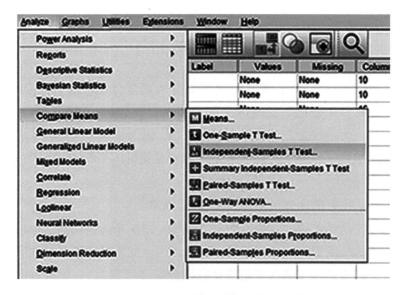

图 7 - 8   独立样本 T 检验示例一

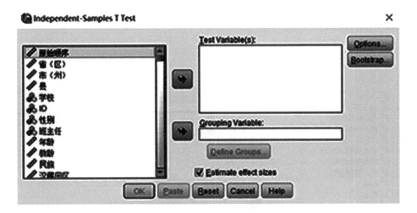

图 7-9　独立样本 T 检验示例二

2. 进行显著性检测设定

此处又分为如下三个步骤。

第一，因变量选定。从对话框里的左侧栏中把"四 2""四 4""四 6"……"四 22"共计 11 个变量（题项）选中放入到右侧的"Test Variable（s）"方格中，如图 7-10 所示。

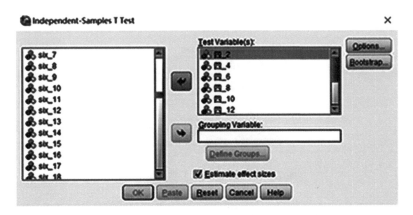

图 7-10　独立样本 T 检验示例三

第二，自变量选定。从对话框里的左侧栏中把"教师工作满意度高低分组"变量选中放入到右侧的"Grouping Variable"方格中，如图 7 - 11 所示。

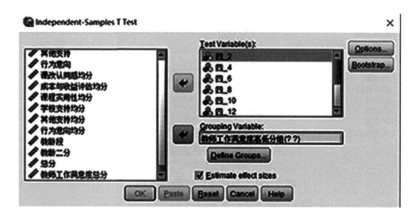

图 7 - 11　独立样本 T 检验示例四

第三，组别代码设定。点击右侧的"Define Groups"，在弹出的小对话框中分别设置"Group 1"的代码为 1、"Group 2"的代码为 2，如图 7 - 12 所示。然后点击"Continue"，最后点击"OK"。

图 7 - 12　独立样本 T 检验示例五

3. 独立样本 T 检验结果的解读

在 SPSS 中，所有数据分析的运算结果都显示在另一个叫作"Output"的文档中，它的文件格式为".spv"。对于独立样本 T 检验的结果，最关键的是在"Output"文档中检视表格"Independent Samples

Test" 中的内容，如图 7 – 13 所示。

Independent Samples Test

		Levene's Test for Equality of Variances		t-test for Equality of Means					95% Confidence Interval of the Difference	
		F	Sig.	t	df	Sig. (2-tailed)	Mean Difference	Std. Error Difference	Lower	Upper
凡_2	Equal variances assumed	16.620	<.001	-11.177	590	<.001	-1.06419	.09521	-1.25119	-.87719
	Equal variances not assumed			-11.177	569.638	<.001	-1.06419	.09521	-1.25120	-.87718
凡_4	Equal variances assumed	5.987	.015	-4.012	590	<.001	-.31419	.07831	-.46800	-.16038
	Equal variances not assumed			-4.012	571.676	<.001	-.31419	.07831	-.46801	-.16037
凡_6	Equal variances assumed	3.276	.071	-13.435	590	<.001	-1.47297	.10964	-1.68830	-1.25764
	Equal variances not assumed			-13.435	588.053	<.001	-1.47297	.10964	-1.68830	-1.25764
凡_8	Equal variances assumed	.012	.914	-17.145	590	<.001	-1.64189	.09577	-1.82998	-1.45380
	Equal variances not assumed			-17.145	589.301	<.001	-1.64189	.09577	-1.82998	-1.45380
凡_10	Equal variances assumed	16.358	<.001	-8.014	590	<.001	-.75000	.09358	-.93379	-.56621
	Equal variances not assumed			-8.014	547.704	<.001	-.75000	.09358	-.93382	-.56618
凡_12	Equal variances assumed	7.209	.007	-12.505	590	<.001	-1.20041	.10174	-1.40022	-1.00059
	Equal variances not assumed			-12.505	573.375	<.001	-1.20041	.10174	-1.40023	-1.00058
凡_14	Equal variances assumed	.194	.660	-12.735	590	<.001	-1.16554	.09152	-1.34529	-.98579
	Equal variances not assumed			-12.735	588.896	<.001	-1.16554	.09152	-1.34529	-.98579
凡_16	Equal variances assumed	14.160	<.001	-13.690	590	<.001	-1.49662	.10932	-1.71133	-1.28191
	Equal variances not assumed			-13.690	579.545	<.001	-1.49662	.10932	-1.71134	-1.28190
凡_18	Equal variances assumed	10.353	.001	-11.475	590	<.001	-1.11486	.09716	-1.30568	-.92405
	Equal variances not assumed			-11.475	576.376	<.001	-1.11486	.09716	-1.30569	-.92404
凡_20	Equal variances assumed	62.460	<.001	-12.422	590	<.001	-1.18243	.09519	-1.36938	-.99549
	Equal variances not assumed			-12.422	508.526	<.001	-1.18243	.09519	-1.36944	-.99543
凡_22	Equal variances assumed	8.614	.003	-14.958	590	<.001	-1.63176	.10909	-1.84600	-1.41751
	Equal variances not assumed			-14.958	587.112	<.001	-1.63176	.10909	-1.84601	-1.41751

图 7 – 13　独立样本 T 检验结果解读示例

　　每一道题项的显著性检验结果都会运算出两个 t 值，这两个 t 值可能相等，也可能不相等。其中上面一行的 t 值是方差满足齐性假设下（Equal variances assumed）的运算结果，而下面一行的 t 值则是方差不满足齐性假设下（Equal variances not assumed）的运算结果。在两行 t 值都相等的情况下，不存在选择问题，但若两行 t 值不相等，就需要在两行中做出选择。

　　选择的方法是看 F 值对应的显著性（Sig.）。如果 F 值大于显著性临界值 0.05，这就说明方差满足齐性，以上面一行的 t 值为准；反之，如果 F 值小于显著性临界值 0.05，这就说明方差不满足齐性，以下面

一行的 t 值为准。

此处以题项"四 2"为例。其运算结果的两个 t 值都相等，都为 -11.177，不存在选择问题。但如果恰好不相等，则需要看方差齐性检验——F 值对应的显著性（Sig.）。本例中 F 值为 16.628，对应的显著性"Sig."小于 0.001，远远小于显著性临界值 0.05，说明方差非齐性，以下面一行的 t 值为准。所以本题项最终的结果为 $t = -11.177$，df = 569.638，$p < 0.001$（2 - tailed）。总之，独立样本 T 检验结果的显著性读取流程总结如图 7 - 14 所示。

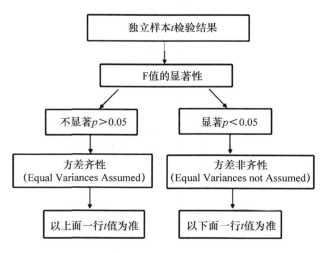

图 7 - 14　独立样本 T 检验结果显著性的读取流程

（六）题项分析小结

从统计分析的角度来看，题项分析的最终目的是判断其显著性。通过求出量表的总分、量表总分高低排列、找出高低分组上下各 25% — 33% 位置的分值、依据临界值进行高低分组、对高低分组进行独立样本 T 检验这五个步骤之后，对每道题项的 t 值显著性予以判断。

如果 t 值小于显著性临界值 0.05，则判定为高低分组组间差异显著，说明该道题项检测通过，具有良好的区分度（鉴别力）。如果 t 值大于显著性临界值 0.05，则判定为高低分组组间差异不显著，说明该道题项检测未通过，缺乏区分度（鉴别力）。

对于未检测通过的题项，一般有两种处理方案。第一种是对该题项仔细审读，修改内容，然后重新调查预试，之后再按照五步骤进行题项分析，直到通过检测为止。另一种是考虑将该题项直接删除，此种解决方案简单而有效。

第三节　量表的质量评估之二：信度分析

一　信度分析的逻辑理路

不妨把量表看作一支球队。众所周知，判断一支球队是否优秀，仅仅从每个球员的个体层面进行考察并不充分，还需要同时考察球队的整体配合协同状况（团结力）。题项分析就好比对每个球员的质素进行个体层面的考察，但这样尚不充分，还需进一步对不同题项间的整体配合协同状况（团结力）进行考察，而这正是信度分析要解决的问题。

信度通俗地来讲就是可信程度、科学程度。从统计学来讲，所谓信度是指测量工具（量表）所得结果的一致性或稳定性。作为反映量表质量的指标，信度有多种形式，例如重测信度、折半信度等。但在信度指标中，最为常用的是科隆巴赫系数（Cronbach's Alpha）。[①] 科隆巴赫系数也称内部一致性系数或 α 系数，用以衡量量表各题项整体上是否拟合良好（整体配合协同状况）。科隆巴赫系数的计算公式见式 7-1。

$$\alpha = \frac{K-1}{K}\left(1 - \frac{\sum S_i^2}{S^2}\right) \qquad 式7-1$$

式 7-1 中，K 为量表的总题项数，S^2 为量表总分的方差，S_i^2 为所有填答者在第 i 题上的得分方差。从该式中可以看出，α 系数与题项数 K 呈正比，换言之，增加题项数在一定程度上可以提升 α 系数。当然，在当前的实际场景中，并不需要手工运算求解 α 系数，而是通过 SPSS 帮

---

① 吴明隆：《问卷统计分析实务——SPSS 操作与应用》，重庆大学出版社 2010 年版，第 238 页。

助我们得到结果。

二 信度分析的操作步骤

此处仍然以用于本书练习与示范的教师调查数据库为例。假设第三大题"三1""三2"……"三8"是《教师责任心》量表，共计8道题项。现在想评估一下该量表的信度，其在SPSS中的具体操作如下。

步骤一，依次点击菜单：Analyze/Scale/Reliability，如图7 – 15所示，随后会弹出Reliability Analysis对话框。

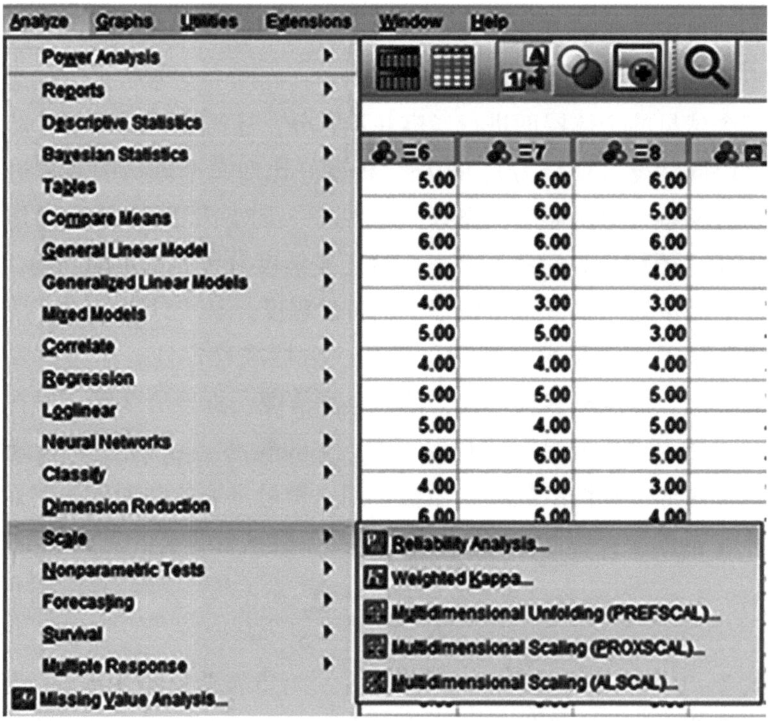

图7 – 15　信度系数运算菜单示例

步骤二，如图7 – 16所示。在Reliability Analysis对话框中，把左侧栏中的"三1"至"三8"共8道题项全部点选放入到右侧栏的Items方格中。另外，在Scale label中输入量表名称，此处为"教师责任心

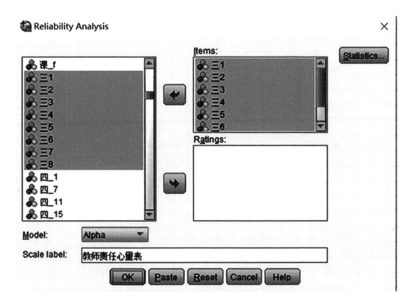

图 7 - 16　信度系数运算对话框设定示例一

量表"。

步骤三，在 "Reliability Analysis" 对话框中，点击右上角的 "Statistics"，弹出 "Reliability Analysis：Statistics" 对话框，如图 7 - 17 所示。在该对话框中勾选 "Scale if item deleted"，然后点击 "Continue"。最后点击 "OK" 即产生运算结果。

三　信度分析的运算结果解读

在信度系数运算结果文档中会新生成四个表格，通常主要看其中两个关键的表格（如图 7 - 18 所示）：Reliability Statistics（关键表格一）、Item - Total Statistics（关键表格二）。

先来看关键表格一 "Reliability Statistics"。在这个结果表格中，$\alpha = 0.818$，这个数值意味着什么？这还要从 α 的值域范围说起。在信度系数中，α 的值域范围介于 0 到 1 之间。α 系数越小则意味着信度越低、越差，α 系数越大则意味着信度越高、越良好。综合参考有关学者

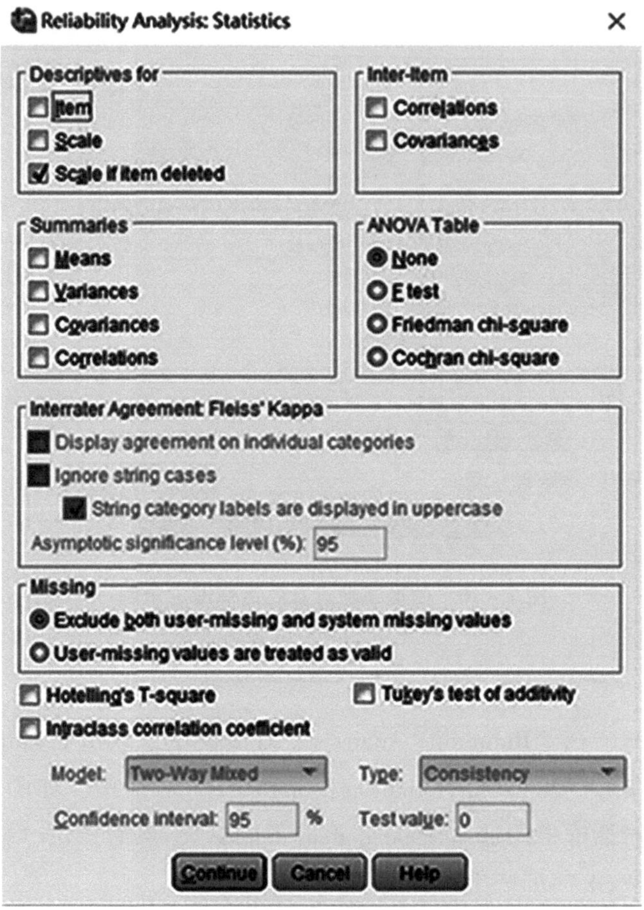

图 7 - 17　信度系数运算对话框设定示例二

的观点，本书建议的 α 系数意义区间如表 7 - 1 所示。本例中 α 为
0.818，信度良好。

表 7 - 1　　　　　　　　　信度系数 α 值与信度状况

信度系数 α 值	信度状况
0.90 以上	甚佳
介于 0.80—0.90 之间	良好

信度系数 α 值	信度状况
介于 0.70—0.80 之间	中等
介于 0.60—0.70 之间	合格
0.60 以下	不可接受，重新修订量表

Reliability Statistics

Cronbach's Alpha	N of Items
.818	8

Item-Total Statistics

	Scale Mean if Item Deleted	Scale Variance if Item Deleted	Corrected Item-Total Correlation	Cronbach's Alpha if Item Deleted
三1	30.3868	22.889	.468	.807
三2	30.4752	23.089	.434	.810
三3	30.4894	22.080	.507	.801
三4	31.5388	21.229	.490	.805
三5	31.2696	20.331	.630	.783
三6	31.6795	19.725	.588	.790
三7	31.1174	20.465	.617	.785
三8	31.3359	20.693	.564	.793

图 7-18 信度系数结果解读（关键表格一、关键表格二）

再来看关键表格二 "Item - Total Statistics"。这个结果表格显示的是如果删除某道题项之后这个量表的 α 值何为。前文已述，正常情况下，α 值应当与题项数呈正比。例如，对于 "三1" 题项而言，如果将其删除后，所得的 α 值为 0.807（7 道题），比 0.818（8 道题）时有所降低，这也说明该题项不应被删除。事实上，在本例中所有的题项无论哪道被删除后，α 值都比 0.818（8 道题）时有所降低。此时，说明这些题项的测量质量都不错，都能够保留。尽管如此，在少部分情况下，还是会遇到一种现象，那就是某道题项出题质量不高，测量质量较差，以至于将其删除后 α 值不降反升。此时应当对该题项进行认真审读与修改，或考虑删除。

第四节　量表的质量评估之三：效度分析

一　效度分析的逻辑理路

量表的质量评估除了题项分析、信度分析之外，还要进行效度分析。效度，顾名思义，就是量表的有效性程度。换言之，效度是量表的测量结果能够反映所想要考察特质的程度。测量结果与所要考察的特质吻合度越高，则效度越高；反之，则效度越低。效度用统计公式来表达（式7-2）。

$$效度 = \frac{所要考察的特质方差（特质变异）}{测量得分的总方差（总变异）} = \frac{S_i^2}{S_x^2} \qquad 式7-2$$

在公式7-2中，表达了效度的基本统计逻辑。测量得分的总方差是以下三个因素的复合体：所要考察的特质方差、系统误差方差、随机误差方差。而这其中，所要考察的特质方差在测量得分总方差中的占比越高，则说明效度越高。

效度与信度之间的关系如图7-19所示。高信度并不必然带来高效度；但反过来讲，高效度必然要以高信度为基础，换言之，低信度高效度的情况是不存在的。

	效度低	效度高
信度低	√	×
信度高	√	√

"×"不可能，"√"可能

图7-19　信度高低与效度高低之间的关系图

效度存在着若干类型，有内容效度（表面效度）、准则效度（效标效度）、结构效度（建构效度）等。由于篇幅所限，前两种效度暂不讨论，本书重点聚焦于结构效度。

结构效度的本质是通过若干特定指标来评估量表（测量）的整体

拟合状况。结构效度在量表分析中常常化约为因子分析，而因子分析又有两种类型，一种是探索性因子分析，另一种是验证性因子分析。

二 探索性因子分析

量表是实证量化研究中的最关键要素之一，量表的质量关乎实证量化研究的成败。这也决定了量表的研发过程几乎不可能一蹴而就。事实上，一个严谨的量表研发过程至少要经历预研究与正式研究两个阶段，如图7-20所示。探索性因子分析就主要运用在预研究阶段。

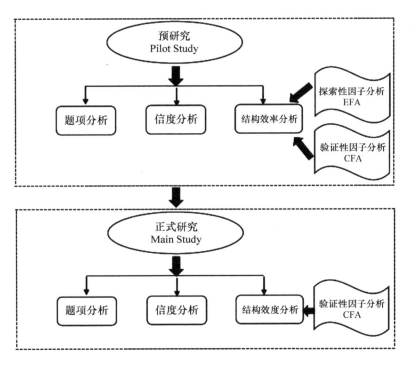

图7-20 量表研发过程中的预研究与正式研究

探索性因子分析法（Exploratory Factor Analysis，EFA），也称为潜在结构分析法，是一种用来找出多元观测变量可能存在的内在结构，并进行降维处理的统计分析技术。简言之，EFA能够将具有错综复杂关系的若干变量通过一定的矩阵运算拟合为少数几个核心因子。实际上，

EFA 在本书中并不陌生，之前已经在家庭社会经济地位的测度中使用过这项技术。此处，将更为详细地进行介绍。

如果编制了若干题项用于测量某个变量，但并不十分确定究竟应该划分为几个维度，也不十分确定哪些题项应当归属于哪些维度，此种问题场景即可运用 EFA。EFA 的整体拟合指标主要包括：KMO 检验（因子分析适切性检验）、因子提取数量与解释力（方差解释量）、因子负荷量。此处仍然以用于本书练习与示范的教师调查数据库中的第九大题为例。

第九大题"九1"……"九48"共计包含 48 道题项，假定这些题项不太确定应被划分为几个维度，也不太确定哪些题项应当归属于哪个维度，此时便需要运用 EFA 解决。需要注意的是，根据有关学者的建议，① EFA 在使用上具有一定的样本量要求：第一，题项数与样本量之间的比例为 1：5 以上为宜；第二，总样本量不得低于 100。在本例中，题项数为 48，需要满足的样本量至少应为 240，实际样本量为 1120，远远满足条件，因此，可以进行 EFA，具体操作如下。

步骤一，依次点击菜单 Analyze/Dimension Reduction/Factor，如图 7 - 21 所示。之后出现"Factor Analysis"对话框，如图 7 - 22 所示。

步骤二，在"Factor Analysis"对话框中把需要分析的变量从左侧栏选入到右侧的"Variables"栏目中。如图 7 - 23，本例中是把"九1"……"九48"这些变量全部选中放入右侧"Variables"栏目中。然后需要分别点击"Descriptives""Extraction""Rotation""Options"这些按钮进行设定，具体如下。

（一）EFA 中的 Descriptives 设定

"Descriptives"设定。"Descriptives"主要用于设定计算与呈现哪些需要的描述性结果。如图 7 - 24 所示，"Initial solution"为默认点选项，它主要是指因子分析未转轴前的一些初始解。此处关键是要手动点选"KMO and Bartlett's test of sphericity"，以下将其简称为 KMO 检验。

---

① 吴明隆：《SPSS 统计应用实务》，中国铁道出版社 2000 年版，第 31 页。

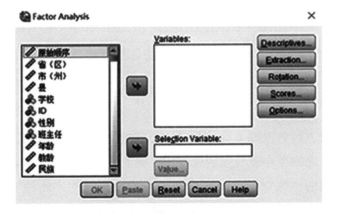

图 7 – 21 探索性因子分析（EFA）菜单示例

图 7 – 22 探索性因子分析"Factor Analysis"对话框示例

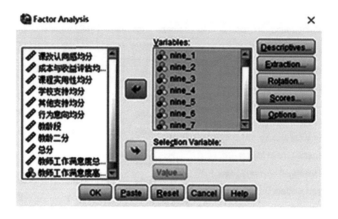

图 7 – 23

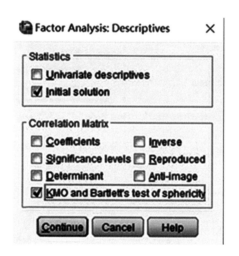

图 7 – 24 "Factor Analysis：Descriptives" 设定示例

　　并非所有的数据都适合应用 EFA。使用 EFA 的前提条件是原始数据各个变量之间存在着较强的线性相关关系。如果原始变量之间的线性相关关系微弱，则它们之间不存在潜在的数据结构，此种情况下进行 EFA 是无意义的。因此，应用 EFA 时，首先要对其适切性进行检验，KMO 检验即承担了这个任务。

　　KMO 检验的结果需要着重聚焦于两点。其一是值，其二是显著性。

首先来看值。在进行 KMO 检验之后，结果表格中的 "Kaiser – Meyer – Olkin Measure of Sampling Adequacy" 即其值。它的值域范围为 0 到 1 之间，值越大（越接近 1）说明越适宜做因子分析，反之（越接近 0）则越不适宜做因子分析。KMO 值与 EFA 适切性的关系可详见表 7 – 2。[①]

表 7 – 2   KMO 值与 EFA 适切性的关系

KMO 值	判别说明	EFA 适切性
.90 以上	极适合因子分析	极佳的
.80 以上	适合因子分析	良好的
.70 以上	尚可进行因子分析	适中的
.60 以上	勉强可以	普通的
.50 以上	不适合因子分析	欠佳的
.50 以下	极不适合因子分析	无法接受的

再来看显著性。结果表格中的 "sig." 即其显著性。之前已经提到过，显著性判断主要是与 0.05 比大小，若大于 0.05 则说明不显著，若小于 0.05 则说明是显著的。如果 KMO 检验的结果显著，那么说明有潜在的共同因子存在，适宜因子分析，反之则不适宜。

（二）EFA 中的 Extraction 设定

"Extraction" 主要用于设定计算与呈现因子提取的情况，如图 7 – 25 所示。

最上边的 "Method" 为提取方法，默认为 "Principal components"（主成分分析法）。左上方的 "Analyze" 是因子提取运算中基于何种矩阵，默认为 "Correlation matrix"（基于相关矩阵），也可选择 "Covariance matrix"（基于协方差矩阵）。实际上从统计学上来讲，相关矩阵和协方差矩阵之间是可通约的，相关系数也可以看成是一种剔除了两个变量量纲、标准化后的特殊协方差，因此，无论选哪种矩阵，对运算结果的影响都不大。

---

① 邱皓政：《量化研究与统计分析——SPSS 中文视窗版数据分析范例解析》，重庆大学出版社 2009 年版，第 328 页。

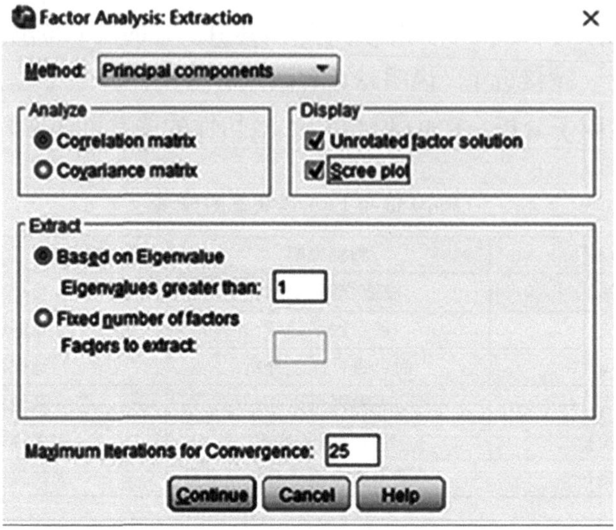

图 7 - 25　"Factor Analysis：Extraction" 设定示例

　　右上方的 "Display" 栏目显示因子提取运算结果。默认只点选了 "Unrotated factor solution"（未旋转主轴前的因子解），还需要手动点选 "Scree Plot"（陡坡碎石图）。碎石图是基于各主成分（因子）对数据方差之解释程度而绘制的图，其作用是根据特征值下降的坡度来辅助判断因子提取个数。

　　中部 "Extract" 一栏主要是设定因子提取的标准。默认为 "Based on Eigenvalue" "Eigenvalues greater than：1"（基于特征根大于 1 的标准而提取）。

　　（三）EFA 中的 Rotation 设定

　　"Rotation" 主要用于设定因子提取过程中的转轴方法，如图 7 - 26 所示。

　　默认是 "None"（不进行转轴），需要手动点选为 "Varimax"（最大方差正交旋转法）。下面一栏 "Display" 默认为 "Rotated solution"（旋转主轴后的因子解）。

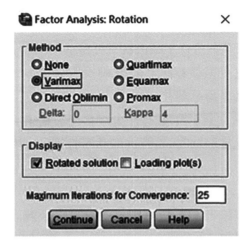

图 7 – 26　"Factor Analysis：Rotation"设定示例

（四）EFA 中的 Options 设定

"Options"主要用于设定因子提取运算的一些其他事项，如图 7 – 27所示。上边"Missing Values"是因子提取运算中缺失值如何处理，默认为"Exclude cases listwise"（有缺失值的个例都不参与整体运算）。

图 7 – 27　"Factor Analysis：Options"设定示例

下边"Coefficient Display Format"（系数显示格式）需要手动点选"Sorted by size"（依据因子负荷量进行排序）、"Suppress small coefficients"（如果因子负荷量低于某值就不再显示），默认为"Absolute value below：0.10"（绝对值若低于0.10则不显示）。

（五）EFA 运算结果解读

进行 EFA 运算之后，SPSS 会产生很多图表结果，其中有些比较关键，而有些则"无足轻重"，因此这里并不打算——赘述，而是对一些关键信息予以说明。

1. 表格 KMO and Bartlett's Test

前文已述，KMO 检验的结果需要着重聚焦于两点。其一是值，其二是显著性，如图 7 - 28 所示。

KMO and Bartlett's Test

Kaiser-Meyer-Olkin Measure of Sampling Adequacy.		.872
Bartlett's Test of Sphericity	Approx. Chi-Square	18715.260
	df	1128
	Sig.	.000

图 7 - 28　KMO 检验结果示例

一方面，本例的值为 0.872，适切性良好，适宜进行 EFA。另一方面，显著性 $p < 0.001$，非常显著。总之，本例中的 KMO 检验结果说明，存在潜在的共同因子，适宜进行 EFA。

2. 方差解释量

方差解释量的意义主要在于结合陡坡碎石图，综合判定提取多少个公因子较为适切，如图 7 - 29 所示。方差累积解释量是一个百分数，越大越好，越大说明解释量越高。本例结果显示，特征根大于 1 的因子共有 12 个，方差累积解释量达到了 58.786%（"Rotation Sums of Squared Loadings"中的数据），这说明提取出 12 个因子为宜。当然，方差解释量还需要结合辅助性的陡坡碎石图综合加以判断。

Total Variance Explained

Component	Initial Eigenvalues			Extraction Sums of Squared Loadings			Rotation Sums of Squared Loadings		
	Total	% of Variance	Cumulative %	Total	% of Variance	Cumulative %	Total	% of Variance	Cumulative %
1	8.747	18.223	18.223	8.747	18.223	18.223	4.226	8.804	8.804
2	5.150	10.740	28.971	5.150	10.740	28.971	3.596	7.493	16.297
3	2.630	5.480	34.451	2.630	5.480	34.451	2.687	5.600	21.896
4	1.602	3.330	37.780	1.602	3.330	37.780	2.610	5.454	27.349
5	1.524	3.176	40.965	1.524	3.176	40.965	2.331	4.856	32.205
6	1.459	3.040	44.004	1.459	3.040	44.004	2.220	4.624	36.829
7	1.426	2.971	46.976	1.426	2.971	46.976	1.950	4.080	40.909
8	1.284	2.675	49.651	1.284	2.675	49.651	1.951	4.065	44.974
9	1.161	2.418	52.068	1.161	2.418	52.068	1.894	3.946	48.920
10	1.134	2.363	54.432	1.134	2.363	54.432	1.874	3.904	52.825
11	1.065	2.219	56.651	1.065	2.219	56.651	1.460	3.041	55.866
12	1.025	2.135	58.786	1.025	2.135	58.786	1.402	2.921	58.786
13	.950	1.987	60.703						
14	.915	1.906	62.609						
15	.848	1.767	64.456						
16	.825	1.718	66.174						
17	.816	1.700	67.874						
18	.801	1.668	69.543						
19	.776	1.617	71.159						
20	.746	1.554	72.713						
21	.712	1.483	74.196						
22	.695	1.447	75.643						
23	.679	1.414	77.057						
24	.667	1.390	78.447						
25	.631	1.314	79.761						
26	.599	1.249	81.010						
27	.578	1.204	82.213						
28	.574	1.195	83.408						
29	.563	1.174	84.582						
30	.527	1.098	85.680						
31	.520	1.084	86.764						
32	.501	1.043	87.807						
33	.490	1.021	88.829						
34	.466	.968	89.796						
35	.459	.957	90.752						
36	.424	.883	91.636						
37	.418	.870	92.506						
38	.386	.804	93.310						
39	.379	.790	94.099						
40	.371	.773	94.870						
41	.362	.754	95.624						
42	.353	.735	96.359						
43	.339	.706	97.065						
44	.319	.664	97.729						
45	.300	.625	98.354						
46	.281	.586	98.940						
47	.264	.549	99.488						
48	.246	.512	100.000						

Extraction Method: Principal Component Analysis.

图 7 - 29　方差解释量示例

3. 陡坡碎石图

陡坡碎石图的作用主要在于辅助我们依据陡峭程度直观地判断究竟提取几个因子更为合适。如图 7 - 30 所示，直观地来看，提取 4 个至 9

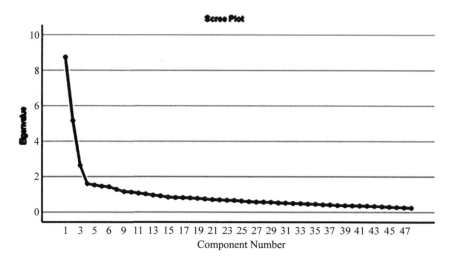

图 7 - 30　陡坡碎石图示例

个因子为宜。

当然，这仅仅是图形上的直观判断，还需要结合方差累积解释量而定。本例中的方差解释量如果取 9 个因子则为 48.920%（"Rotation Sums of Squared Loadings" 中的数据），这个方差解释量尚可。但如果取 4 则为 27.349%，此时的方差解释量过低。因此，综合分析下来，本例中应当考虑提取 9—12 个因子为宜。

最后，需要强调的是，因子提取的数量并无绝对的金科玉律可循，需要借助研究者的研究目的、研究经验、因子本身的意义、方差解释量、陡坡碎石图等来加以综合判定。

4. 转轴后的因子矩阵

如图 7 - 31 所示，其中显示了转轴后的题项归属，以及因子负荷矩阵。

在本例中，第一个因子包含了以下 7 道题项：nine_ 23、nine_ 15、nine_ 19、nine_ 20、nine_ 24、nine_ 27、nine_ 8。它们对应的因子负荷量[1]分别为：0.738、0.738、0.715、0.603、0.598、0.506、0.463。

---

① 也常常被称为因子负荷值或因子载荷量。

Rotated Component Matrix[a]

	Component											
	1	2	3	4	5	6	7	8	9	10	11	12
nine_23	.738				-.148	.106			-.103			
nine_15	.738			.129					-.227			
nine_19	.715		-.158							.223		
nine_20	.603	.111		-.252	.184					.221		.150
nine_24	.598			.144	-.423			.222				
nine_27	.506	-.184		.215			-.148			.220	.137	.195
nine_8	.463			.123	-.192	.348	-.125	.367				-.147
nine_45		.742	.137				.120		.130			
nine_46		.724	.104		.271		-.246	-.167	.109			
nine_9		.612	.133				.195	.223	.371		.129	
nine_33	-.122	.597	.276		.102		.236		.135			
nine_21	-.100	.563				-.113	.381	.151	.207	.107		
nine_29		.556	.326		.184	-.151	.207		-.136		-.209	.211
nine_30	-.139	.466	.347		.132				-.133		-.305	.189
nine_34		.148	.730									
nine_26		.199	.646				.115	.114	.240			
nine_25		.164	.641			-.184	.253	.109	.151			
nine_42		.279	.539		.217			-.102			.199	.338
nine_36				.717						.126	.165	-.103
nine_28			.223	.629	.282	-.112		.198				
nine_44	.157			.619	-.166					.237		.155
nine_48	.110		-.138	.609		.141		.196			.123	-.145
nine_47	.146			.509			-.114	.155		.433		
nine_22		.230	.104		.658		.302	-.126	.160			-.135
nine_14	-.213		.179		.578			.237			-.298	.157
nine_18	-.158	.154	-.107		.576	-.121		.313	.108	.266		
nine_10	-.151	.249	.328		.481			.328		-.107		.130
nine_4	.135					.791	-.127					
nine_3	.167	-.100				.678	.249					.199
nine_11	.444					.539						
nine_7	.483					.518				.100		-.185
nine_1	-.133	.223	.247		.133		.654		.254	-.104		
nine_2	-.187	.195	.257		.149	.193	.557	-.133		-.191		.145
nine_37		.366		-.184		-.178	.554	.103		.198		.194
nine_16	.358			.189			.640			.101		
nine_12	.231	-.117	.165	.186		.189	.599					
nine_13	-.161	.129	.202		.145		.471	.382		-.217		.190
nine_17	-.265	.296		.147	.306	-.159	.208	.457		.211		
nine_5	-.234	.255					.173	.628				
nine_6		.135	.269		.301	-.125		.627		-.217		
nine_38		.207	.209		.100		.107	.367			-.194	
nine_35				.147	.159		-.117			.727	.102	-.161
nine_43	.187			.228	-.163		-.176	.133	-.148	.595		.208
nine_39	.410	-.157	-.207	.118	.147			.141		.495	.169	
nine_32				.275				.174		.624		.174
nine_31	.254			.161		.203				.184	.603	
nine_41	.193	.210		-.171			.125		.124			.681
nine_40	.108			.393	.153		.195		.219		.206	.462

Extraction Method: Principal Component Analysis.
Rotation Method: Varimax with Kaiser Normalization.[a]

a. Rotation converged in 13 iterations.

图 7 – 31   转轴后的因子矩阵示例

其他 11 个因子的归属与负荷量以此类推。

因子负荷量也常常被称为因子负荷值或因子载荷量，它的平方反映某题项对其所归属的因子维度的解释力大小，一般用希腊字母 λ 表示。

该指标有些类似于皮尔逊相关系数 R，介于 –1 到 1 之间，因而其平方越大说明解释力越强。根据有关学者的建议，[①] 因子负荷量的实际意义如表 7 – 3 所示。

表 7 – 3　　　　　　　　因子负荷量的值域区间与实际意义

λ	λ^2	对因子的解释力	实际意义
.71	.5041	约为 50%	极好
.63	.3969	约为 40%	良好
.55	.3025	约为 30%	好
.45	.2025	约为 20%	中等
.32	.1024	约为 10%	及格

一般而言，0.32 是因子负荷量可接受的最小值（解释力约为 10%）。当然，也有的学者更加严苛地认为 0.45 应是可接受的最低门槛（解释力约为 20%）。[②] 笔者认为，无论何种最小可接受值，都仅仅是一种参考，不能作为绝对的教条，实际的研究情况是复杂多变的，因此，具体问题具体分析才是真正切实可行的研究态度。

5. 小结

通过对以上 KMO 检验、方差解释量、陡坡碎石图、转轴后的因子矩阵这四个方面结果的综合解读与研判，最终即可从统计学的角度解决题项归属于因子的问题。

但需要强调的是，这种题项与因子间的归属仅仅是统计学数字意义上的归属，不能完全被这种数字牵着鼻子走，最终还要慎重地结合题项的语义、逻辑等确定因子归属问题，否则会有沦为"肤浅的数字游戏"[③] 之嫌。

---

① 邱皓政：《量化研究与统计分析》，重庆大学出版社 2009 年版，第 334 页。

② 吴明隆：《问卷统计分析实务——SPSS 操作与应用》，重庆大学出版社 2010 年版，第 190 页。

③ 安静、赵志纯：《教育实证研究中的数字游戏现象省思——兼论理论关怀及其基点性与归宿性》，《当代教育科学》2020 年第 10 期。

另外，EFA 的整体拟合状况主要观察如下三个指标：KMO 检验（因子分析适切性检验）、因子提取数量与解释力（方差解释量）、因子负荷量。综合地运用以上三个指标，即实现了对量表（测量）的结构效度的初步评估。当然，EFA 的运算及其结构效度的检验，尚存在诸多不足，而这些都是需要下文中的 CFA 运算加以更好地解决的。

三　验证性因子分析

验证性因子分析（Confirmatory Factor Analysis，CAF），是一种以协方差矩阵（或相关矩阵）为基础的，用于分析量表之结构效度的技术手段。从技术谱系来讲，验证性因子分析实际上属于结构方程模型中的测量模型，换言之，验证性因子分析属于结构方程模型的一种特例。

同样都作为一种结构效度检测技术，但是 CFA 与 EFA 有所区别。EFA 的适用场景主要是量表结构未知，题项与维度之间的归属是未定未知的。而与 EFA 有所不同，CFA 的适用场景主要是量表结构已知，题项与维度之间的归属是给定已知的。CFA 的分析步骤及其操作主要如下。

（一）模型设定与运算

此处继续以用于本书练习与示范的教师调查数据库为例，其中的第六部分是《教师课程改革认同量表》，共计 24 道题项，共有 5 个维度（因子），题项归属维度的情况具体如表 7 - 4 所示。现在需要对它的结构效度进行检验，由于题项与维度（因子）之间的归属是给定已知的，因此使用 CFA 进行检验。

表 7 - 4　范例《教师课程改革认同量表》的题项与维度（因子）归属

维度（因子）	题项	题项数
成本与收益评估	six1 six2 six3 six4 six5	5
课程实用性	six6 six7 six8 six9 six10 six11 six12	7
学校支持因素	six14 six15 six16 six17 six18	6
其他支持因素	six19 six20 six21	3
行为意向	six22 six23 six24	3

CFA 无法直接使用 SPSS 完成，而是需要借助结构方程模型的分析软件来进行运算。当前常见的结构方程模型分析软件主要有 LISREL、Amos、Mplus 等。这些分析软件各有所长、各有特点。本书主要使用 Mplus 软件进行 CFA 的模型设定与运算。

1. 运用 SPSS 进行数据预处理

新建一个 SPSS 数据库，这个数据库中仅含有欲分析的所有题项与变量，并且文件名称（.sav 文件）以英文或拼音命名，而不能使用中文。这是由于 Mplus 是一个纯英文软件，它无法识别汉字，如果输入带有汉字的信息可能会导致程序无法正确运行。

在本例中，仅保留了第六部分的所有题项，并且题项名称也都以英文或拼音命名（six1 …… six24），SPSS 文件命名为 KGRT_ CFA，如图 7 – 32 所示。

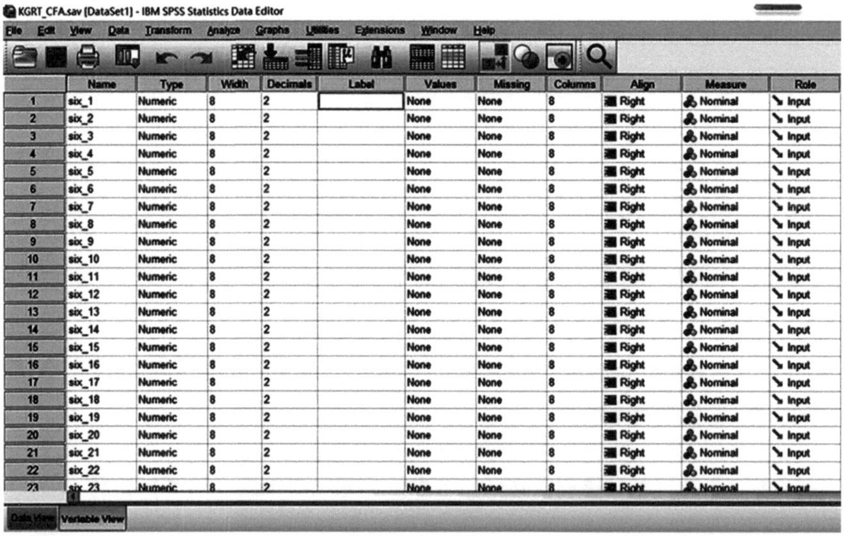

图 7 – 32　仅含有欲分析的所有题项与变量 SPSS 数据库示例

2. 运用 N2Mplus 进行数据格式转换

尽管进行 CFA 所需的数据来源于 SPSS 的 .sav 数据，但是无法对其直接使用，而是需要进行一定的格式转换。这个格式转换的小程序软件为 N2Mplus，转换后的数据格式为.DAT。

如图 7 - 33 所示。打开 N2Mplus，点击 "Step 1：Select Source Data File" 当中的 "Browse"，将上一步骤中预处理好的 SPSS 数据选中。"Step 2：Select Variables to Use" 当中默认为 "Use all variables"，保持默认即可。"Step 3：Identify Missing Values" 当中需要勾选 "Dataset contains missing values"，这是缺失值的定义与处理方式——统一将缺失值定义为 " -99"。

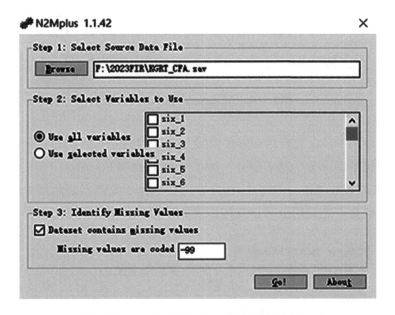

图 7 - 33 运用 N2Mplus 进行数据格式转换示例

如图 7 - 34 所示。上述步骤都设定好之后，点击 "GO!"，之后会生成 "N2Mplus Output" 窗口。点击左下方的 "Copy syntax to"，然后点击 "OK"，此窗口即自动关闭。此步骤实际上是在剪贴板中留下了一些待复制的 CFA 命令。

3. 运用 Mplus 进行 CFA 设定

如图 7 - 35 所示。有三点需要说明，第一，Mplus 中所有的设定与运行命令都是写在 Mptext 文档中的，此种文档的保存格式为 ".inp"。

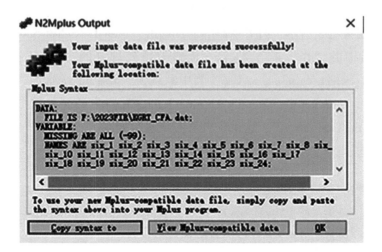

图 7 – 34   N2Mplus Output 窗口示例

第二，运用 Mplus 进行结构方程模型分析（包括 CFA）的程序命令关键点主要包括以下五个基本部分：DATA、VARIABLE、ANALYSIS、MODEL、OUTPUT。第三，勿忘标点符号，五个命令关键点之后用冒号，每个具体的命令之后用分号。具体步骤如下。

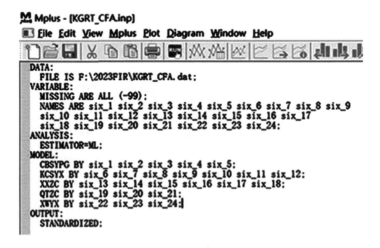

图 7 – 35   运用 Mplus 进行 CFA 设定示例

（1）DATA、VARIABLE 命令

首先，写入 DATA、VARIABLE 命令，这是告诉电脑我们欲分析的数据是什么，都有哪些题项。新建一个 Mptext 文档，然后把上一步骤中的"Copy syntax to"中的待复制命令粘贴复制到新建文档中，成功复制之后会看到 DATA、VARIABLE 两部分命令都已写入。

（2）ANALYSIS 命令

其次，写入 ANALYSIS 命令：ESTIMATOR = ML。这是告诉电脑我们的统计估算方法是什么。ML 是最大似然估计（Maximum Likelihood），它是一种较为常用的估算方法。

（3）MODEL 命令

再次，写入 MODEL 命令，这是告诉电脑我们需要分析的模型在理论上是如何设定的、题项与维度因子是如何归属的。哪个因子维度由哪些题项构成，其命令句式为"因子维度 BY 题项"。在本例中，课程改革认同的第一个因子维度为成本与受益评估（CBSYPG），其测量题项为"six1……six5"，其命令句式即为：CBSYPG BY six 1 six 2 six 3 six 4 six 5。其他因子维度的命令如法炮制。

（4）OUTPUT 命令

最后，写入 OUTPUT 命令，这是告诉电脑我们需要输出哪些运算结果。一般最为常用的命令是输入"STANDARDIZED"，意为运算输出一系列的标准化解。当上述各环节都设定无误后，就可以点击界面中的"RUN"按钮来"跑"模型了。

（二）运算结果解读

进行 CFA 的运算目的最终是为了验证量表的结构效度。在 CFA 中，结构效度的考察指标主要涉及三点，一是模型的拟合指数，二是因子间的相关系数，三是因子负荷量。

1. 模型拟合指数

首先来看第一点——模型的拟合指数。CFA 在本质上属于结构方程模型的一部分，所以结构方程模型的几个关键拟合指数就是需要考察的重点。

结构方程模型的质量优劣判定指标众多，不同的学者提出了诸多不同的观点。我国学者侯杰泰教授推荐了如下三个重要的拟合指数作为评估结构方程模型的指标依据：RMSEA（Root Mean Square Error of Approximation，近似残差均方根）、NNFI（Non – Normed Fit Index，非常态拟合指数）、CFI（Comparative Fit Index，相对拟合指数）。一般认为，如果 RMSEA 在 0.08 以下（越小越好），NNFI 和 CFI 在 0.90 以上（越大越好），所拟合的模型是一个"好"模型。[①]

Mplus 所有的运算结果都会出现在一个自动生成的".out"文件当中。在这个文件中，找到"MODEL FIT INFORMATION"，即模型拟合指数的一系列运算结果。在本例中，如图 7 – 36 所示，RMSEA = 0.081，大于 0.08，TLI = 0.850、CFI = 0.869，两个指标均未达到 0.90。此处需要说明的是，TLI（Tucker – Lewis Index）和 NNFI 内涵上是同一个指标，只不过提出的文献不一样，所以有两种不同的说法。

这说明，本例中《教师课程改革认同量表》的结构效度，从模型拟合指数的情况来看并不理想，量表测量的科学性欠佳，尚需进一步修订改进。

2. 因子间的相关系数

除了拟合指数外，还需要考察量表的因子相关系数。相关系数反映的是两个变量间的共变关系，其取值范围介于 – 1 至 1 之间。负相关属于反向共变，即日常所说的反比关系；正相关属于正向共变，即日常所说的正比关系。另外，相关系数的绝对值越大，说明变量间的关系越紧密，反之亦然。

对于因子间的相关系数而言，并非绝对值越大越好，而是需要中等适度。因为如果因子间的相关系数绝对值过大，说明两个因子间可能存在着共线性的问题，也即两个因子间的重叠区域过大，此时应该考虑将两个因子进行合并处理。如果因子间的相关系数绝对值过低，则说明两个因子间的关系不紧密，那放在一个量表中就不科学。因此，因子间相

---

① 侯杰泰、温忠麟、成子娟：《结构方程模型及其应用》，教育科学出版社 2004 年版，第 45 页。

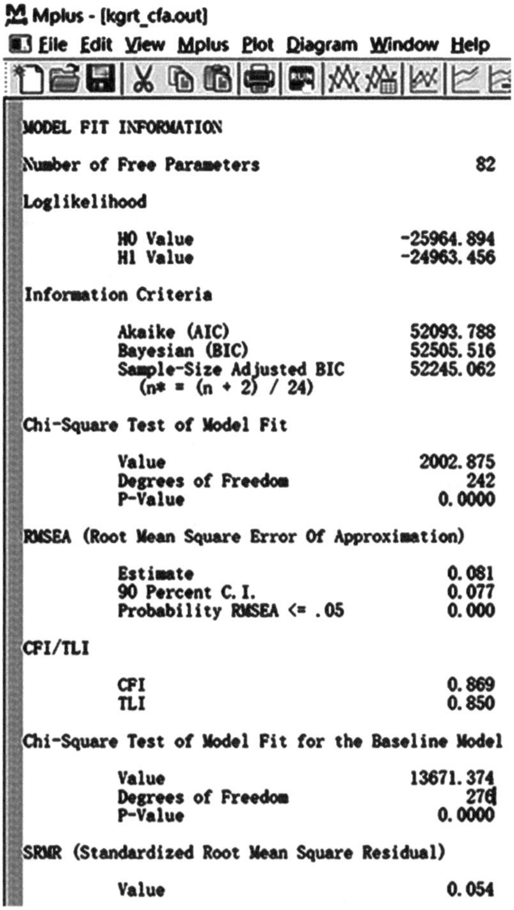

```
Mplus - [kgrt_cfa.out]
File Edit View Mplus Plot Diagram Window Help

MODEL FIT INFORMATION

Number of Free Parameters                       82

Loglikelihood

          H0 Value                      -25964.894
          H1 Value                      -24963.456

Information Criteria

          Akaike (AIC)                   52093.788
          Bayesian (BIC)                 52505.516
          Sample-Size Adjusted BIC       52245.062
            (n* = (n + 2) / 24)

Chi-Square Test of Model Fit

          Value                           2002.875
          Degrees of Freedom                   242
          P-Value                           0.0000

RMSEA (Root Mean Square Error Of Approximation)

          Estimate                           0.081
          90 Percent C.I.                    0.077
          Probability RMSEA <= .05           0.000

CFI/TLI

          CFI                                0.869
          TLI                                0.850

Chi-Square Test of Model Fit for the Baseline Model

          Value                          13671.374
          Degrees of Freedom                   276
          P-Value                           0.0000

SRMR (Standardized Root Mean Square Residual)

          Value                              0.054
```

图 7－36　结构方程模型拟合指数运算结果示例

关系数的绝对值一般应介于 0.3 至 0.8 之间。当然，也并非说溢出这个值域区间就绝对无法接受，具体情况一定要具体分析，不能教条式地一概而论。

在 Mplus 的结构方程模型运算结果中，提供了原始解（Model Results）与标准化解（Standardized Model Results）两大块内容。在标准化解当中，又提供了部分标准化解（STDY Standardization、STD Standardization）、完全标准化解（STDYX Standardization）。在结果的读取与报告中，主要选取完全标准化解。因此，后文 Mplus 运算结果的示例中，如无特别说明，均指完全标准化解。

Mplus 中的相关关系都是用"WITH"来表示的。本例的因子间相关系数如图 7 – 37 所示。各因子维度的相关系数介于 0.393—0.890，这说明大多数的因子相关系数中等适度。但学校支持（XXZC）与其他支持（QTZC）的相关系数过高——0.890，表明这两个维度因子存在着一定的共线性，因而可以考虑将二者合为一个维度因子。

```
KCSYX    WITH
  CBSYPG          0.745      0.018      40.886      0.000

XXZC     WITH
  CBSYPG          0.543      0.027      20.187      0.000
  KCSYX           0.648      0.025      26.131      0.000

QTZC     WITH
  CBSYPG          0.393      0.031      12.719      0.000
  KCSYX           0.614      0.026      23.470      0.000
  XXZC            0.890      0.017      52.424      0.000

XWYX     WITH
  CBSYPG          0.597      0.024      24.738      0.000
  KCSYX           0.667      0.023      28.624      0.000
  XXZC            0.723      0.023      31.460      0.000
  QTZC            0.711      0.023      30.292      0.000
```

图 7 – 37　Mplus 相关系数运算结果示例

3. 因子负荷量

因子负荷的意义及其可接受值域在本章的前述内容中已经有所介绍，此处不再赘述。通常而言，因子负荷越高越好。在本例中，如图 7 – 38 所示，因子负荷介于 0.406（six14）至 0.865 之间（six2），这表明因子负荷基本达到了门槛值，题项与因子归属相对是合理的。

最后，需要综合运算结果，对量表的结构效度做出总结判断。在本例中，综合考量以上几个关键指标，即模型拟合指数、因子相关系数、因子负荷量，可以得出结论：首先，模型拟合指数中的三个指标均未达到有关标准，模型拟合欠佳，量表整体不是非常理想；其次，有个别因子间的相关系数过高，需要考虑调整；再次，因子负荷都基本达标。

做出上述这种整体判断之后，由于结论并不十分理想，因此需要进一步修改和完善量表，然后重新施测、重新进行上述各个步骤的数据分

STANDARDIZED MODEL RESULTS

STDYX Standardization

	Estimate	S. E.	Est. /S. E.	Two-Tailed P-Value
CBSYPG　BY				
SIX_1	0.790	0.013	61.381	0.000
SIX_2	0.865	0.010	90.176	0.000
SIX_3	0.835	0.011	76.849	0.000
SIX_4	0.793	0.013	61.619	0.000
SIX_5	0.759	0.014	52.862	0.000
KCSYX　BY				
SIX_6	0.581	0.022	25.843	0.000
SIX_7	0.552	0.023	23.621	0.000
SIX_8	0.565	0.023	24.755	0.000
SIX_9	0.698	0.018	38.894	0.000
SIX_10	0.753	0.016	47.243	0.000
SIX_11	0.730	0.017	43.640	0.000
SIX_12	0.569	0.023	25.252	0.000
XXZC　BY				
SIX_13	0.489	0.025	19.360	0.000
SIX_14	0.406	0.028	14.639	0.000
SIX_15	0.619	0.022	28.179	0.000
SIX_16	0.630	0.021	29.484	0.000
SIX_17	0.753	0.016	45.982	0.000
SIX_18	0.665	0.020	34.094	0.000
QTZC　BY				
SIX_19	0.651	0.020	32.342	0.000
SIX_20	0.796	0.015	52.164	0.000
SIX_21	0.739	0.017	43.591	0.000
XWYX　BY				
SIX_22	0.833	0.014	60.799	0.000
SIX_23	0.789	0.015	52.176	0.000
SIX_24	0.683	0.019	35.238	0.000

图 7-38　Mplus 因子负荷运算结果示例

析，直到最终得到一个相对满意的结构效度分析结果。有时候，甚至需要经过好几轮的往复，才能最终得到一个相对较为科学的量表。从这里也可以看出，定量研究当中，研究工具（量表）的开发工作是非常重要而又较为烦琐的环节，需要研究者付出大量的辛勤工作，也需要研究者具备充足的耐心。

第八章　变量分析：理路与实操

在介绍了变量获取、变量测度的有关内容之后，变量分析就正式提上日程了。变量分析方法十分多元，当前已经发展出了大量的分析范式与技术，并且新的方法技术层出不穷。也正因如此，笔者无法对这些技术一一介绍，而只能择其一二重点展开。事实上，先以某些技术方法作为入门支点，日后再凭兴趣与需要进行技术上的拓展，是一种比较合理的量化技能成长路径的选择。本章将会围绕变量分析的一些基本逻辑架构、常见技术方法展开较为详细的介绍。

第一节　一些常见的描述性统计分析

在数据分析中，主要存在着两大类型的统计分析，第一类是描述性统计分析，第二类是推断性统计分析。本节主要讨论描述性统计分析，至于推断性统计分析将在下一节展开讨论。

描述性统计分析（Descriptive Statistics）主要指的是，通过一些关键的统计指标，对样本数据的分布特征、规律形态等，进行概括或表征。换言之，就是用一些统计指标或图表来简化一堆烦琐的数据。常见的描述性统计分析主要包括数据的频次分析、集中趋势分析、离散程度分析、分布形态等，此外还会运用一些基本的统计图形进行刻画。

一 数据的频次分析

（一）频次分析

频次分析，顾名思义就是对某些变量的出现次数进行统计分析。另外，还需要经常使用交叉列联表对数据的频次进行不同层次与水平上的展现。继续使用本书练习与示范的教师调查数据库，例如，想统计一下样本中班主任的频次，其操作示例主要如下。

如图 8 – 1 所示，依次点击菜单：Analyze/Descriptive Statistics/Frequencies。出现对话框，如图 8 – 2 所示，以"班主任"频次统计为例，将其放入"Variable（s）"对话框，点击"OK"，结果如图 8 – 3 所示，班主任 466 人，占比 41.6%，非班主任 592 人，占比 52.9%，缺失值 62 人，占比 5.5%。

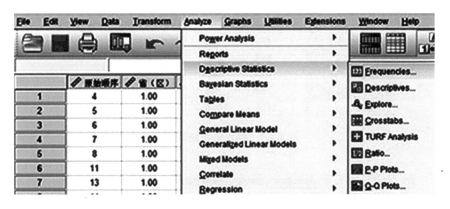

图 8 – 1　频次分析菜单路径示例

（二）交叉列联表分析

交叉列联表主要是把两个变量的不同水平层次分门别类地展现出来。继续使用本书练习与示范的教师调查数据库，例如，想了解一下性别与职称之间的交叉列联情况，其操作示例主要如下。

如图 8 – 4 所示，依次点击菜单：Analyze/Descriptive Statistics/Crosstabs。出现对话框，如图 8 – 5 所示，将"职称""性别"分别放入

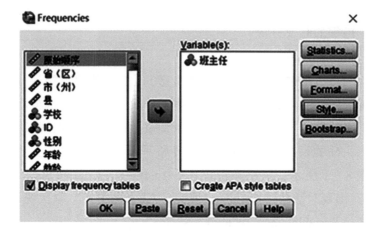

图 8 - 2   频次分析对话框示例

班主任

		Frequency	Percent	Valid Percent	Cumulative Percent
Valid	是	466	41.6	44.0	44.0
	否	592	52.9	56.0	100.0
	Total	1058	94.5	100.0	
Missing	System	62	5.5		
Total		1120	100.0		

图 8 - 3   频次分析结果示例

图 8 - 4   交叉列联表菜单路径示例

"Row（s）" "Column（s）"对话框，点击"OK"，结果如图8-6所示。

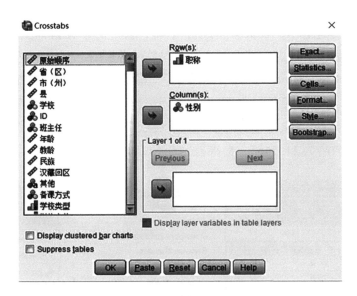

图8-5　交叉列联表对话框示例

职称 * 性别 Crosstabulation

Count

		性别		
		男	女	Total
职称	见习期/未评	61	95	156
	小教二级	11	16	27
	小教一级	47	132	179
	小教高级	29	71	100
	中教三级	6	6	12
	中教二级	165	165	330
	中教一级	111	78	189
	中教高级	41	33	74
Total		471	596	1067

图8-6　交叉列联表结果示例

二 数据的集中趋势分析

对一组数据的关键特征进行概括与表征，其集中趋势（集中量）是相当重要的指标。表征集中趋势（集中量）的常见指标主要有平均数、中位数、众数等，其中，又以平均数最为常用。

如图 8 - 7 所示，依次点击菜单：Analyze/Descriptive Statistics/Descriptives。出现对话框，如图 8 - 8 所示，以"教龄"的均值分析为例，将其放入"Variable（s）"对话框，然后点击"OK"，结果如图 8 - 9 所示，平均教龄为 11.5485，标准差为 8.57150。

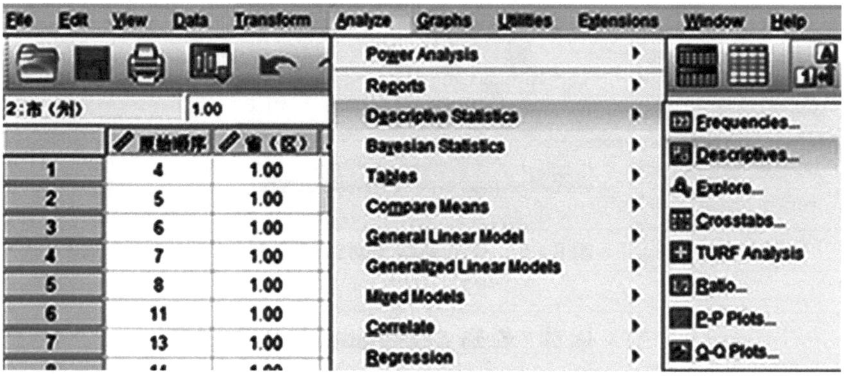

图 8 - 7 均值分析菜单路径示例

三 数据的离散趋势分析

对一组数据的关键特征进行概括与表征，除了集中趋势之外，其离散趋势（离散量）也是相当重要的指标。离散趋势也称为波动趋势、变异趋势，主要是用来反映一组数据波动程度。

表征离散趋势（离散量）的常见指标主要有全距、四分位距、离均差、方差、标准差等，其中，又以标准差最为常见。标准差（Standard Deviation）是方差的算术平方根，在 SPSS 中的求法和平均数的求解操作相同。

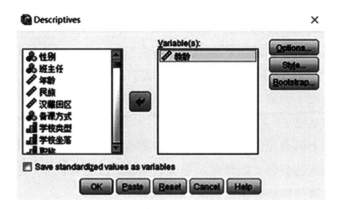

图 8 - 8　均值分析对话框示例

Descriptive Statistics

	N	Minimum	Maximum	Mean	Std. Deviation
教龄	1106	.00	37.00	11.5485	8.57150
Valid N (listwise)	1106				

图 8 - 9　均值分析结果示例

四　Z 分数的计算与转换

（一）为什么需要计算 Z 分数

在教育研究中，常常会遇到原始分值的等值转换问题。假设小明在某次期末考试中，数学考了 76 分，语文考了 92 分，此时我们能否立即得出结论说小明的语文成绩考得好，而数学成绩考得差呢？答案是否定的，显然我们不能武断、笼统地依据原始分值对小明的成绩好坏做出简单判断。原因主要在于以下两点。

首先，这两个分值不一定具有同质性，也即它们不一定出自相同的尺度标准。例如，数学可能碰巧采用的是 100 分满分制，而语文则刚好采用的是 150 分满分制，在这种情况下，76 分和 92 分就属于两种不同质的数据，二者之间无法直接进行比较。

其次，个体的分值需要考虑其所在团体的整体得分情况才具有更为充分的意义。在本例中，即使数学和语文的尺度标准相同，比如它们刚好都采用的是 100 分满分制，我们也很难确保这两门科目的试题难度完全是对等的，也可能这次数学试题的难度较大，班上同学整体考得都不高，76 分就已经是排在前 5 名的好成绩了；相比而言，碰巧这次语文试题的难度较小，班上同学普遍考得都比较高，小明尽管考了 92 分但单科排名却是第 13 名。

基于以上两点原因，在教育研究中常常需要将原始分值等价转换为其他某种形式的分值，以便进一步分析数据。Z 分数就是一种最为常见的原始分数等值转换方法。

Z 分数（Z - Score），也叫标准分数（Standard Score），它意味着某个观测值与其团体均值之间的距离远近，而这个距离远近程度是以标准差为单位进行度量的。通过 Z 分数的转换，能够很好地解决数据不同质的问题，从而使原本不同质的分值之间具备了可加性和可比性，同时，Z 分数还能够较为直观地体现出个体得分在团体中所处的位置。Z 分数的计算公式如下（式 8 - 1）：

$$Z = \frac{X - \bar{X}}{S} \qquad \text{式 8 - 1}$$

以上公式中的 X 即为每个个体的测量得分，$\bar{X}$（音 X bar）是样本的均值，S 是样本的标准差，其计算在 SPSS 中的操作具体如下。

（二）如何计算 Z 分数

一言蔽之，Z 分数的计算即一种对原始数据的等价线性变换。以计算教师教龄的 Z 分数为例，其操作步骤如下。依次点击菜单：Analyze/Descriptive Statistics/Descriptives。出现对话框，如图 8 - 10 所示，将"教龄"放入"Variable（s）"对话框，然后勾选左下角的"Save standardized values as variables"，最后点击"OK"。如图 8 - 11 所示，新生成的变量在 Data View 的最后一列，变量是自动命名的，会自动加上"Z"前缀。

从示例中的 Z 分数计算结果来看，可以发现 Z 分数有正有负，正数意味着高于团体平均水平，负数则意味着低于团体平均水平，相对位置

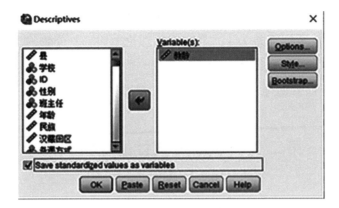

图 8 – 10　计算 Z 分数对话框示例

Z教龄	var
.40268	
-.53065	
.28601	
1.91933	
.40268	
-.53065	
.05268	
1.45267	
-1.11398	
.57767	
.86934	
2.15266	
1.56933	
.28601	
1.45267	
.86934	
-.06399	
-1.05565	
1.33600	
-.41398	
-1.28898	

图 8 – 11　计算 Z 分数结果示例

一目了然。总结一下，Z 分数具有如下特点：第一，Z 分数的均值为 0；第二，Z 分数的标准差为 1；第三，从理论上讲，Z 分数的取值范围为从负无穷到正无穷，但实际上，Z 分数一般在 -3 到 3 之间取值，这是因为 99.7% 的数据都会落在正负 3 个标准差以内。

第二节　推断性统计的逻辑理路

上一节的内容主要介绍的是描述统计，其最大的特点在于"就事论事"——就样本谈样本，不涉及用样本推论总体的问题。但实际上在研究中，很多时候都不会满足于仅仅"就事论事"，而是希望能够透过现象看到本质。对于此处而言，就是要通过样本去讨论总体。而这就是推断统计需要解决的问题。

在推断统计中，有一个"神奇"的数字：0.05。在量化实证研究的论文中，研究者将反反复复地见到 0.05 这个数字。它就是在统计学中大名鼎鼎的 P 值，也即显著性水平的临界值。正是此 P 值，作为一种基本的逻辑架构，在相当大的程度上撑起了整个量化统计分析的大厦，因此它可以当之无愧地被誉为实证量化研究的"阿基米德点"。而想要深刻理解这一"阿基米德点"，则仍要从一些基本的统计学思想理念谈起。

一　正态分布

（一）什么是正态分布

正态分布也叫常态分布，是某个概念范畴内的若干随机数据在坐标系中构成的一种分布形态。令人惊叹的是，世界上绝大多数的事物都服从正态分布。例如，人们的身高服从正态分布，特别高或特别矮的毕竟都是少数，绝大多数人都是在常模上下浮动。体重、心率、肺活量、反应时间等也都是服从正态分布的。在教育研究中，正态分布也较为常见，考试成绩即最为典型的例子。

如图 8 - 12 所示，在正态分布的钟形曲线图里，横坐标 x 轴代表随机变量的取值范围，越往右，随机变量的值就越大；越往左，随机变量的值就越小。纵坐标 Y 轴是概率密度函数 $f(x)$，依据式 8 - 2 可以求得。由该式可知，Y 值实际上是由一组数据的均值和标准差决定的。

$$y = \frac{1}{\sigma \sqrt{2\pi}} e^{-\frac{(x-\mu)^2}{2\sigma^2}} \qquad\qquad 式 8 - 2$$

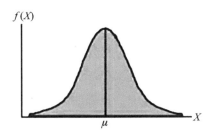

图 8 - 12 正态分布曲线示意图一

（二）正态分布的特征

1. 对称性

如图 8 - 13 所示，正态分布曲线是以均值 μ 为中轴线左右对称的，中间的最高点代表平均值出现的概率最大，集中在居中区域的数据相对最多。而两边陡峭下降，意味着越偏离均值，随机数据相对就越少，发生的概率也在随之陡然下降。

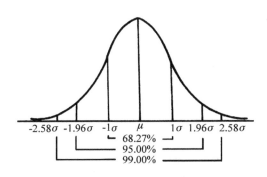

图 8 - 13 正态分布曲线示意图二

2. 面积为 1

正态曲线与 X 轴之间是无限逼近但永不相交的关系，因为从理论上讲，X 取任何值都有可能，只不过其概率不同罢了，越往两端走，发生的概率越小。尽管正态曲线向 X 轴无限逼近永不相交，属于极限问题，但仍然可以通过高等数学中的微积分方法计算出它的面积为 1，换言之，其概率 P 值的极限最大值为 1，也即 100% 的概率。

3. 峰度由标准差决定

由于标准差 σ 意味着一组数据的波动性，标准差越大则说明该组数据的波动度越大。因此，正态分布曲线的峰度与标准差之间的关系如图 8－14 所示：标准差 σ 越大，数据越离散，正态曲线的峰度越小，越扁平；标准差 σ 越小，数据越集中，正态曲线的峰度越大，越高尖。

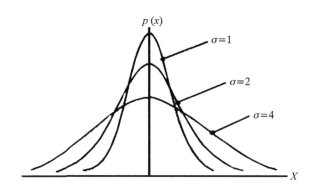

图 8－14 正态分布曲线与标准差之间的关系

4. 位置由均值决定

由于正态曲线是以均值 μ 为中轴左右对称地形成的，因此，如图 8－15 所示，均值 μ_1、μ_2、μ_3 大小不同，其正态分布曲线所在的位置也有所不同。

5. 标准差与曲线面积之间的关系

标准差与曲线所覆盖的面积（概率）之间存在着规律——再次回到图 8－13。以 μ 为中轴，在其左右各 1 个标准差（±σ）的覆盖区域面积（概率）为 68.27%，在其左右各 1.96 个标准差（±1.96σ）的覆

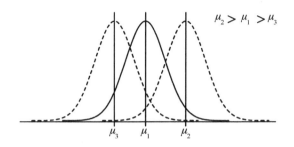

图 8 – 15　正态分布曲线与均值之间的关系

盖区域面积（概率）为 95%，在其左右各 2. 58 个标准差（±2. 58σ）的覆盖区域面积（概率）为 99%。

二　两类正态曲线的辨析：$\overline{X}$ 正态曲线与 μ 正态曲线

此处需要着重辨析两类正态曲线：$\overline{X}$ 正态曲线、μ 正态曲线。首先来看 $\overline{X}$ 正态曲线，如图 8 – 16 所示。它是由原始数据构成的正态曲线，它的中轴点为 $\overline{X}$，其元素为 X_1、X_2、X_3……X_n，对应的坐标点是 $(X_1,\ P_1)$、$(X_2,\ P_2)$ $(X_3,\ P_3)$ ……$(X_n,\ P_n)$。此类型的正态曲线可以应对的问题是，对于给定的某一个 X 值，可以判断其有多大发生的可能性（概率）。

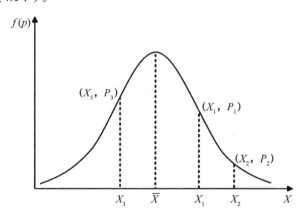

图 8 – 16　$\overline{X}$ 正态曲线

接着再来看 μ 正态曲线，如图 8 - 17 所示。它的中轴点为 μ，它不是由原始数据构成的正态曲线，而是由近似无穷个 $\bar{X}_1$、$\bar{X}_2$、$\bar{X}_3$ …… $\bar{X}_n$ 为元素构成的，对应的坐标点是（$\bar{X}_1$，P_1）、（$\bar{X}_2$，P_2）（$\bar{X}_3$，P_3）……（$\bar{X}_n$，P_n）。此类型的正态曲线可以应对的问题是，对于给定的某一个 $\bar{X}$ 值，能够判断其有多大发生的可能性（概率）。

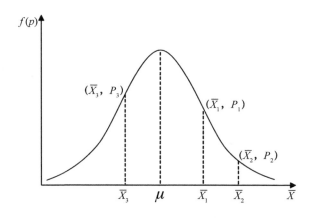

图 8 - 17   μ 正态曲线

三   为什么是 0.05

上文已述，近似无穷个 $\bar{X}_1$、$\bar{X}_2$、$\bar{X}_3$ …… $\bar{X}_n$ 便构成了 μ 正态曲线。但在实际的研究中，由于人力、物力等因素的限制，我们既不可能也没必要在总体中去反复抽取样本，不断获得 $\bar{X}_1$、$\bar{X}_2$、$\bar{X}_3$ …… $\bar{X}_n$。显然，我们总是通过某一次的调查研究，获取其中的某一个 $\bar{X}$ 值，然后判断这个 $\bar{X}$ 值发生的可能性有多大（概率）。

众所周知，只要是抽样调查就难免存在着不同程度的抽样误差[①]，这就会导致 $\bar{X}$ 值总是会围绕着 μ 波动。所以问题不在于有没有抽样误差，而是在于多大的抽样误差，也即多大的波动范围是研究者能够接受

---

① 误差来源通常有两类，一类是系统误差，另一类是抽样误差，此处论证暂未考虑系统误差。

的。于是定量学者们就在经验上给出了一个约定俗成的概率区间 95%，属于大概率事件，如图 8 – 18 所示。

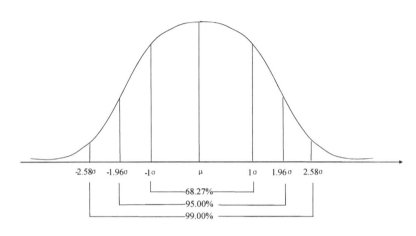

图 8 – 18　正态曲线概率覆盖区域

对于通过一次调查获取到的某一个 $\overline{X}$ 值，判断其发生概率，如果其值落在 95% 的区域范围内，那么可以认为这个 $\overline{X}$ 值的波动大概率是由抽样误差引起的，属于正常现象。

但是如果 $\overline{X}$ 值过度偏离 μ，其概率 P 值落入了 95% 之外的那 5% 的小概率区间，也即此时小概率事件发生了。那么可以推断认为，这个偏离的 $\overline{X}$ 值已经不能再拿抽样误差来解释了，而是极有可能（95% 的把握）来自另一个其他的总体，也即这个 $\overline{X}$ 值代表的总体与该 μ 正态曲线代表的总体具有显著的差异性。

以上详细解释了为什么在量化实证研究的论文中，总是会非常高频地看到 0.05 这个神奇数字。所谓 P 值小于 0.05，实际上就是某一个 $\overline{X}$ 值的概率落入了 5% 的小概率区间。由于是经验上约定俗成的 95% 的把握，那么就并非绝对的金科玉律。如果我们并不满足于 95% 的把握，而是希望将这个把握程度更加提高一些，例如提高到 99%，那么就只剩下了 1% 的小概率区间，也即此时 P 值应当小于 0.01。

最后，让我们来完整而简要地回溯一下思路。通过一次抽样调查

（测量），获取到某一个样本的 $\overline{X}$ 值，判断其在 μ 正态曲线中的概率值 P。如果 P 值大于临界值 0.05（或 0.01），就意味着 $\overline{X}$ 值的波动是抽样误差引起，属于正常现象。如果 P 值小于临界值 0.05（或 0.01），那么就意味着 $\overline{X}$ 值所代表的总体与 μ 正态曲线总体存在着显著差异性。在其他一些情况下，还会遇到 T 分布（T 检验）、F 分布（方差分析），里面也都会高频出现 0.05（或 0.01），其逻辑理路基本与此类似。

第三节 一些常见的推断统计定量分析

上一节详细地介绍了推断统计的基本逻辑理路，尤其着重探讨了定量分析中神奇的"阿基米德支点"问题——0.05（95% 的把握）或 0.01（99% 的把握）作为极重要的显著性临界值——正是借助此显著性临界值展开了大量的推断分析，本节将进一步结合实证分析中的具体实例来加深理解，提升实际应用能力。

一 两组数据间的差异显著性对比

在教育实证研究中经常会遇到比对两组数据差异显著性的问题，此时便可以运用 T 检验解决此类问题。但需要注意的是，两组数据间显著差异性的比对又存在着三种不同的 T 检验亚种情况，其比对方式与操作也有一定的不同，具体如下。

（一）独立样本 T 检验（Independent Samples T Test）

在教育实证研究中，我们常常会收集到诸如性别（男 – 女）、户籍（城 – 乡）、独生子女（是 – 否）等此类的二分变量。这些二分变量就相应地产生了两个组别，此时便可以采用独立样本 T 检验进行组间的差异显著性比对。实际上，之前在题项分析中，比对每一道题项在高低分组间的差异显著性时，即运用了此方法。以下再进一步予以介绍，加深印象与理解。

1. 两组间数据差异显著性的检验操作

此处仍然以用于本书练习与示范的教师调查数据库为例。我们测得教师的课程改革认同这一变量，现在想分析一下备课方式是否会对其产生显著影响。把教师平时主要的备课方式划分为"自己一个人备课""与其他老师集体备课"两种，这就产生了两个对比组，此时进行 T 检验，具体操作如下。

步骤一，菜单操作，找到独立样本 T 检验入口。如图 8 - 19 所示，依次点击菜单：Analyze/Compare Means/Independent - Samples T Test。出现独立样本 T 检验对话框。

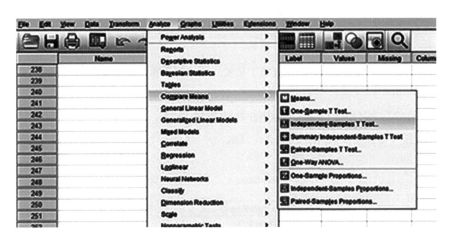

图 8 - 19 独立样本 T 检验应用示例步骤一

步骤二，待检变量选定。如图 8 - 20 所示，从对话框里的左侧栏中把待检变量——教师课程改革认同感（"课改认同感总分"）选中放入到右侧的"Test Variable（s）"方格中。

步骤三，待检组别选定。如图 8 - 20 所示，从对话框里的左侧栏中把待检组别——"备课方式"变量选中放入到右侧的"Grouping Variable"方格中。

步骤四，待检组别代码设定。点击右侧的"Define Groups"，在弹出的小对话框中分别设置"Group 1"的代码为 1（自己一个人备课）、

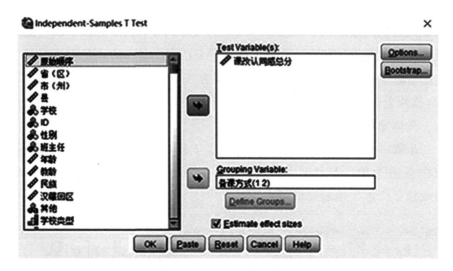

图 8 - 20   独立样本 T 检验应用示例步骤二与步骤三

"Group 2"的代码为 2（与其他老师集体备课），如图 8 - 21 所示。然后点击"Continue"，最后点击"OK"。

图 8 - 21   独立样本 T 检验应用示例步骤四

2. 两组间数据差异显著性的运算结果解读

两组间数据差异显著性的运算结果，最终需要在研究报告中展示出的内容如表 8 - 1 所示。样本数（N）、平均数（Mean）、标准差（Std. Deviation）这些数据都可以在运算结果（OUTPUT 文档）中的"Group Statistics"图 8 - 22 中相应地找到。但是，t 值和 P 值则需要在"Independent Samples Test" 的运算结果中读取，如图 8 - 23 所示。

表 8 - 1 　　　　　　　　　　**独立样本 T 检验结果报表示例**

对比组	样本数	平均数	标准差	t 值	P 值
自己一个人备课	758	105.8799	11.87515	-3.392	<0.001
与其他老师集体备课	311	108.5216	10.76553		

Group Statistics

备课方式		N	Mean	Std.Deviation	STD.Error Mean
课改认同感总分	自己一个人	758	105.8799	11.87515	.43132
	与其他老师集体	311	108.5216	10.76553	.61046

图 8 - 22　独立样本 T 检验 Group Statistics 运算结果示例

图 8 - 23　独立样本 T 检验 Independent Samples Test 运算结果示例

在读取 t 值和 P 值结果的时候会发现，存在着两个不同的 t 值和 P 值，本例中分别为 $t = -3.392$（$P < 0.001$）、$t = -3.534$（$P < 0.001$）。那么问题来了，到底该选择哪一个呢？这就需要进一步观察表格中 t 值左边的 F 检验结果，判断方差是否满足齐性。

在本例中，$F = 0.410$，其 P 值为 0.522，大于 0.05 的临界值，数据波动不显著，方差满足齐性。所以需要选取上面一行的 t 值，也即方差满足齐性情况下（Equal variances assumed）的 t 值（-3.392）。另一方面，如果 F 值检验结果的 P 值小于 0.05，则说明数据波动显著，方差就不满足齐性了。此种情况下，需要选取下面一行的 t 值，也即方差不满足齐性情况下（Equal variances not assumed）的 t 值。

（二）单样本 T 检验

在实际的教育研究中，常常会遇到需要比较某一小团体的测试均值与其常模（大团体）之间是否存在显著差异的问题情境。例如，某一幼儿实验班，采用了新型的开发智力育儿方法，这种新方法是否真的有效呢？对于此问题的回答，就可以采用单样本 T 检验（One - Sample T Test）方法进行分析。

此处以一个虚拟的数据库为例。假设收集到了这个幼儿实验班 20 位幼儿的智商测量数据，分别为 105、102、95、104、106、97、102、109、99、96、106、108、103、101、98、103、105、102、93、100，而假设当前的幼儿智商常模为 100。此时差异显著性的检验操作与结果解读如下。

1. 单样本与常模比较差异显著性的检验操作

步骤一，菜单操作，找到单样本 T 检验入口。如图 8 - 24 所示，依次点击菜单：Analyze/Compare Means/One - Sample T Test。出现单样本 T 检验对话框。

图 8 - 24　单样本 T 检验应用示例步骤一

步骤二，待检变量选定。如图 8 - 25 所示，从对话框里的左侧栏中把待检变量——智商测量得分（IQ）选中放入到右侧的"Test Variable (s)"方格中。

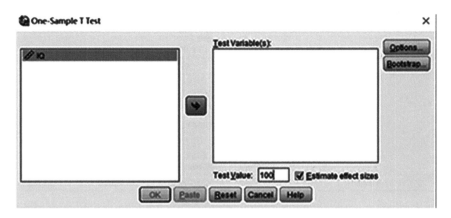

图 8 – 25　单样本 T 检验应用示例步骤二与步骤三

步骤三，常模输入设定。如图 8 – 25 所示，在"Test Value"方格中输入需要比对的常模值，本例为 100。最后点击"OK"。

2. 单样本与常模比较差异显著性的运算结果解读

首先来看 One – Sample Statistics 中的均值大小，本例中为 101.7（Mean）。此时不能就样本谈样本而下结论说，因为高于常模 100，所以具有显著差异。而是需要综合考虑 P 值进行判断。本例中单样本 T 检验的 P 值 0.097，大于 0.05，因此，并无显著差异，也即采用的新型开发智力育儿方法并没有产生显著的效果。

（三）配对样本 T 检验

在教育实验研究当中，常常需要对同一群体在接受实验处理前后的数据进行配对比对，这就需要用到配对样本 T 检验（Paired – Samples T Test）的方法。

1. 配对样本差异显著性的检验操作

此处再次使用虚拟的数据库。假设在大学某班级，试用引入了某种新型的英语阅读训练法，通过一个学年的教学训练，是否能够显著提升同学们的英语阅读能力？这一问题就需要运用配对样本 T 检验进行解决，具体操作如下。

步骤一，菜单操作，找到配对样本 T 检验入口。如图 8 – 27 所示，

One-Sample Statistics

	N	Mean	Std. Deviation	Std. Error Mean
IQ	20	101.7000	4.35407	.97360

One-Sample Test

Test Value = 100

	t	df	Sig. (2-tailed)	Mean Difference	95% Confidence Interval of the Difference	
					Lower	Upper
IQ	1.746	19	.097	1.70000	-.3378	3.7378

图 8 – 26　单样本 T 检验运算结果示例

依次点击菜单：Analyze/Compare Means/Paired – Samples T Test。出现配对样本 T 检验对话框。

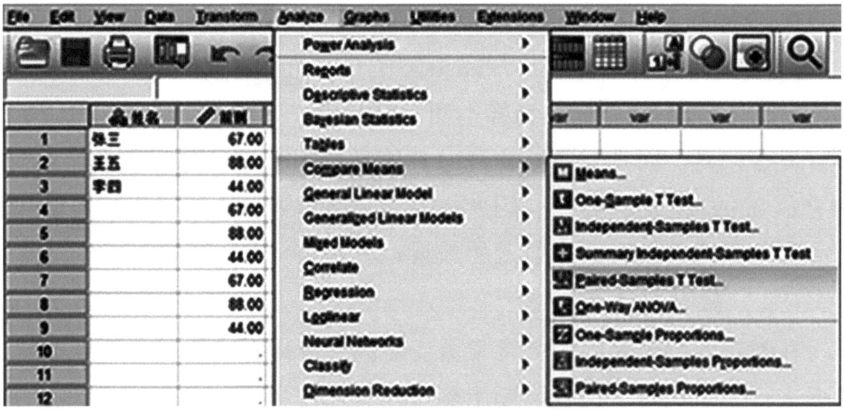

图 8 – 27　配对样本 T 检验应用示例步骤一

步骤二，待检变量选定。如图 8 – 28 所示，从对话框的左侧栏中把待检变量——"前测""后测"分别选中放入到右侧的"Paired Variables"方格中。最后点击"OK"。

2. 配对样本差异显著性的运算结果解读

如图 8 – 29 所示，首先来看前测与后测之间的成绩对比。观察报表

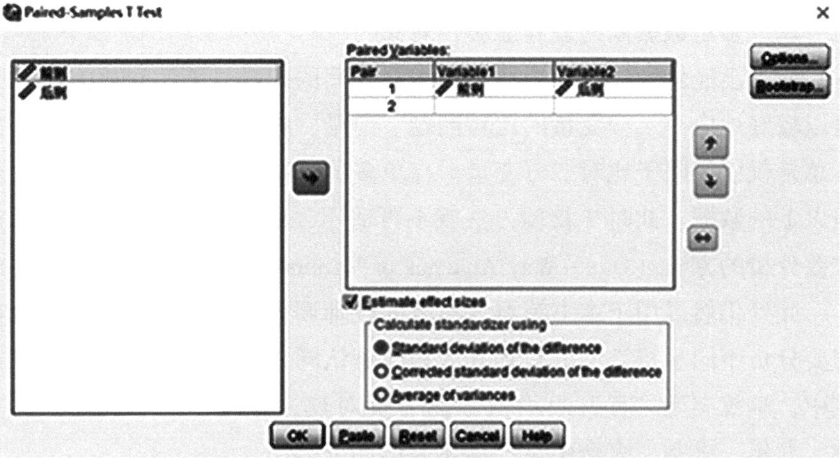

图 8-28 配对样本 T 检验应用示例步骤二

图 8-29 配对样本 T 检验运算结果示例

"Paired Samples Statistics" 可以发现，后测成绩为 72.33，似乎比前测成绩 66.33 有所提高。但需要配合 P 值进行综合判断。

进一步观察 "Paired Samples Test" 报表，P 值为 0.259，大于 0.05，因此差异并不显著，也即所谓的某种新型的英语阅读训练法，并没有显著的有效性。

二 多组数据间的差异显著性对比

前文已经较为详细地介绍了两组数据间的差异显著性对比方法，它可以较好地应对二分变量的比对问题。但是，在实际的研究分析中，并不总是仅仅局限于比对二分变量。在更多的情况下，需要比对三组及三组以上的数据，此时 T 检验方法就不再适用，而是需要转而使用单因素方差分析的方法（One – Way Analysis of Variance，One – Way ANOVA）。

此处仍然以用于本书练习与示范的教师调查数据库为例。假设现在想要分析不同学校类型的教师其课程改革认同之间有无显著差异。在本例中，学校类型共有五组均值数据需要对比，分别是小学、初中、高中、九年一贯制、完全中学。具体操作如下。

（一）分析操作步骤

步骤一，菜单操作，找到单因素方差分析的入口。如图 8 – 30 所示，依次点击菜单：Analyze/Compare Means/One – Way ANOVA。出现单因素方差分析对话框。

图 8 – 30 单因素方差分析应用示例步骤一

步骤二，自变量、因变量的选定。如图 8 – 31 所示，从左侧的对话框中把学校类型放入右侧下方的自变量 "Factor" 条形格中；然后再把左侧对话框中的教师课程改革认同感（"课改认同感总分"）放入右侧因变量"Dependent List"方格中。

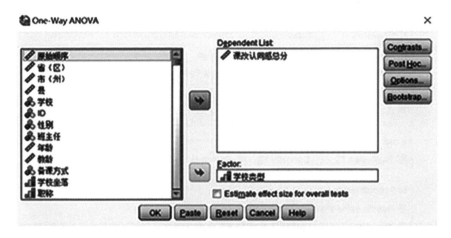

图 8 - 31　单因素方差分析应用示例步骤二

步骤三，事后多重比较"Post Hoc Multiple Comparisons"的设定。如图 8 - 31 所示，点击最右侧的"Post Hoc"，然后出现事后多重比较"One - Way ANOVA：Post Hoc Multiple Comparisons"的设定界面，如图 8 - 32 所示。

此处主要是进行单因素方差分析算法上的设定。单因素方差分析主要有两类算法：第一类算法是基于方差满足齐性的条件假设（Equal Variances Assumed），第二类算法是基于方差不满足齐性的条件假设（Equal Variances Not Assumed）。由于在此步骤中，尚不知道方差是否满足齐性，因此，通常的操作是两种算法都加以勾选。

第一类算法中，有许多具体的算法可供选择，例如"LSD""Bon-ferroni""Sidak""Waller - Duncan"等等，通常勾选任意一种此大类下的算法即可，我们最为常见的是勾选"LSD"法。

第二类算法中，总共有四种具体算法可供选择，分别是"Tamhane's T2""Dunnett's T3""Games - Howell""Dunnett's C"，通常勾选任意一种此类下的算法即可，我们最为常见的是勾选"Tamhane's

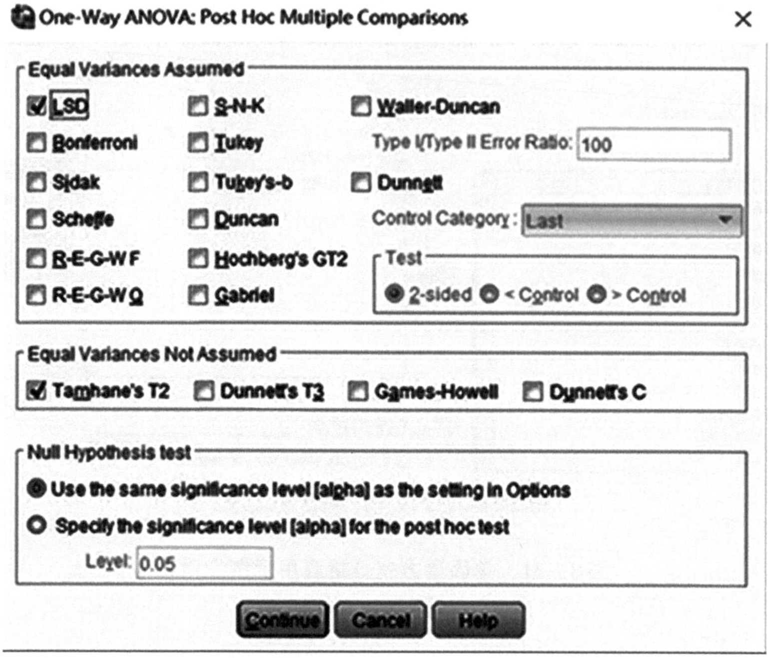

图 8 - 32 单因素方差分析应用示例步骤三

T2"法。

步骤四，分析选项"Options"的设定。如图 8 - 31 所示，点击最右侧的"Options"，然后出现分析选项"One - Way ANOVA：Options"的设定界面，如图 8 - 33 所示。在此界面中，分别勾选如下两个选项：描述统计分析"Descriptive"、方差齐性检验"Homogeneity of variance test"。然后点击"Continue"，最后点击"OK"。操作完成。

（二）分析结果解读

单因素方差分析的运算结果在 Output 文档中主要会生成如下一些报表：Descriptives（描述性统计分析）、Tests of Homogeneity of Variances（方差齐性检验）、ANOVA（方差分析结果）、Multiple Comparisons（事后多重比较结果）。

首先，来看"Descriptives"（描述性统计分析）结果，如图 8 - 34

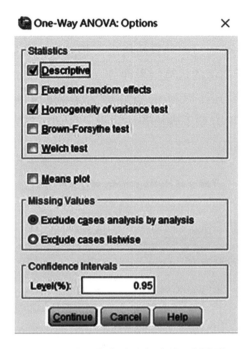

图 8 - 33　单因素方差分析应用示例步骤四

所示。该报表中列出了常见的一些描述统计结果，如样本量、均值、标准差等等。但在方差分析中，此报表还不是我们重点关注的内容，我们重点关注的是推断统计——方差分析的结果。

Descriptives

课改认同感总分

	N	Mean	Std. Deviation	Std. Error	95% Confidence Interval for Mean		Minimum	Maximum
					Lower Bound	Upper Bound		
小学	421	109.1642	11.15793	.54380	108.0953	110.2331	63.00	140.00
初中	148	104.3814	10.62899	.87370	102.6548	106.1081	45.00	132.00
高中	257	106.1307	10.03406	.62591	104.8981	107.3633	51.00	134.00
九年一贯制	53	102.7300	15.21013	2.08927	98.5376	106.9224	49.00	135.00
完全中学	241	105.6053	12.55844	.80896	104.0117	107.1988	45.00	139.00
Total	1120	106.7658	11.54344	.34493	106.0890	107.4426	45.00	140.00

图 8 - 34　单因素方差分析描述性统计结果示例

其次，重点来看方差齐性检验与方差分析结果，如图 8 – 35 所示。在 "Tests of Homogeneity of Variances" 报表中列出了方差齐性检验的结果。可以看到，主要通过四种算法给出了相应的四个运算结果。通常情况下，一般看基于均值的运算结果即可（Based on Mean）。

本例中，基于均值的 Levene 统计量（Levene Statistic）为 5.273，P 值小于 0.001，说明方差不满足齐性假设。因此，在方差分析的算法上应当选取第二类算法。

Tests of Homogeneity of Variances

		Levene Statistic	df1	df2	Sig.
课改认同感总分	Based on Mean	5.273	4	1115	<.001
	Based on Median	3.847	4	1115	.004
	Based on Median and with adjusted df	3.847	4	1058.052	.004
	Based on trimmed mean	5.390	4	1115	<.001

ANOVA

课改认同感总分

	Sum of Squares	df	Mean Square	F	Sig.
Between Groups	4554.633	4	1138.658	8.783	<.001
Within Groups	144553.364	1115	129.644		
Total	149107.997	1119			

图 8 – 35　方差齐性检验与方差分析结果示例

继续来看方差分析的结果（ANOVA）。方差分析结果的 F 值为 8.783，P 值小于 0.001，远小于 0.05，这说明不同学校类型的教师其课程改革认同之间存在非常显著的差异性。

但是，这一结果只能说明存在显著差异性，我们还需要追问究竟是 "谁" 和 "谁" 之间有差异，也即哪些组别之间具有显著差异。这就需要进一步去读取事后多重比较的结果（Multiple Comparisons），如图 8 –36所示。在事后多重比较的结果报表中，具有显著差异的数据都标上了星号，更加直观。

本例中方差不满足齐性，需要读取第二类算法的结果（Tamhane）。

Multiple Comparisons

Dependent Variable: 课改认同感总分

	(I) 学校类型	(J) 学校类型	Mean Difference (I-J)	Std. Error	Sig.	95% Confidence Interval Lower Bound	95% Confidence Interval Upper Bound
LSD	小学	初中	4.78277*	1.08808	<.001	2.6479	6.9177
		高中	3.03349*	.90133	<.001	1.2650	4.8020
		九年一贯制	6.43419*	1.65954	<.001	3.1780	9.6904
		完全中学	3.55893*	.91972	<.001	1.7544	5.3635
	初中	小学	-4.78277*	1.08808	<.001	-6.9177	-2.6479
		高中	-1.74928	1.17492	.137	-4.0546	.5560
		九年一贯制	1.65142	1.82266	.365	-1.9248	5.2277
		完全中学	-1.22384	1.18908	.304	-3.5569	1.1093
	高中	小学	-3.03349*	.90133	<.001	-4.8020	-1.2650
		初中	1.74928	1.17492	.137	-.5560	4.0546
		九年一贯制	3.40070*	1.71772	.048	.0304	6.7710
		完全中学	.52544	1.02098	.607	-1.4778	2.5287
	九年一贯制	小学	-6.43419*	1.65954	<.001	-9.6904	-3.1780
		初中	-1.65142	1.82266	.365	-5.2277	1.9248
		高中	-3.40070*	1.71772	.048	-6.7710	-.0304
		完全中学	-2.87526	1.72744	.096	-6.2647	.5141
	完全中学	小学	-3.55893*	.91972	<.001	-5.3635	-1.7544
		初中	1.22384	1.18908	.304	-1.1093	3.5569
		高中	-.52544	1.02098	.607	-2.5287	1.4778
		九年一贯制	2.87526	1.72744	.096	-.5141	6.2647
Tamhane	小学	初中	4.78277*	1.02911	<.001	1.8778	7.6878
		高中	3.03349*	.82915	.003	.7034	5.3636
		九年一贯制	6.43419*	2.15888	.041	.1567	12.7117
		完全中学	3.55893*	.97475	.003	.8166	6.3012
	初中	小学	-4.78277*	1.02911	<.001	-7.6878	-1.8778
		高中	-1.74928	1.07476	.669	-4.7811	1.2825
		九年一贯制	1.65142	2.26460	.998	-4.8917	8.1946
		完全中学	-1.22384	1.19070	.974	-4.5785	2.1309
	高中	小学	-3.03349*	.82915	.003	-5.3636	-.7034
		初中	1.74928	1.07476	.669	-1.2825	4.7811
		九年一贯制	3.40070	2.18101	.734	-2.9316	9.7330
		完全中学	.52544	1.02283	1.000	-2.3519	3.4028
	九年一贯制	小学	-6.43419*	2.15888	.041	-12.7117	-.1567
		初中	-1.65142	2.26460	.998	-8.1946	4.8917
		高中	-3.40070	2.18101	.734	-9.7330	2.9316
		完全中学	-2.87526	2.24042	.897	-9.3563	3.6058
	完全中学	小学	-3.55893*	.97475	.003	-6.3012	-.8166
		初中	1.22384	1.19070	.974	-2.1309	4.5785
		高中	-.52544	1.02283	1.000	-3.4028	2.3519
		九年一贯制	2.87526	2.24042	.897	-3.6058	9.3563

*. The mean difference is significant at the 0.05 level.

图 8-36 方差分析事后多重比较的结果示例

结果显示，小学教师的课程改革认同感显著高于初中教师（MD =
4.78277，$P < 0.001$），小学教师的课程改革认同感显著高于高中教师
（MD = 3.03349，$P = .003$），小学教师的课程改革认同感显著高于九年
一贯制教师（MD = 6.43419，$P = .041$），小学教师的课程改革认同感
显著高于完全中学教师（MD = 3.55893，$P = .003$）。其他学校类型之
间无显著差异。

第四节　变量间的结构关系分析：
结构方程模型

本章以上的几个小节主要介绍了一些基本的描述统计分析，以及对
各种背景变量进行分析，如对二分变量、多组数据的均值进行差异显著
性比对分析。但在实际的研究中，往往无法仅仅满足于这些基本的定量
分析，而是希冀对除背景变量之外的变量与变量之间的关系或曰结构展
开分析。① 这是本节即将展开探讨的一种重要方法：结构方程模型。

一　为什么要使用结构方程模型

对于变量与变量之间的关系展开分析，主要有两类方法可供选择。
第一类方法是通过传统的回归方程（Regression Equation，RE）进行分
析，第二类方法是通过近些年来兴起的结构方程模型（Structural Equa-
tion Model，SEM）进行分析。与传统的回归方程相比，结构方程模型
具有如下几个优点。②

（一）能够真正实现在整体上同时分析处理多个因变量

在传统的回归方程或路径分析中，即便在统计结果的图表中展示出

---

① 变量既包括个体背景变量——最常见的是一些人口统计学变量（Demographic Varia-
bles），如性别、年龄等，也包括其他测量变量，如满意度、认同感等。本节中，如无特别说
明，"变量与变量之间"指涉的都是除个体背景变量之外的其他测量变量。

② 侯杰泰、温忠麟、成子娟：《结构方程模型及其应用》，教育科学出版社 2004 年版，
第 15—17 页。

多个因变量，但其实在计算回归系数或路径系数时，仍然是对每个因变量逐一进行计算的，并非真的是通盘考虑的整体计算结果。而结构方程模型能够做到真正的通盘考虑与整体运算。

（二）容许自变量和因变量含有测量误差

传统的回归方程虽然容许因变量含有测量误差，但是需要假设自变量是没有误差的。但在实际的研究测量中，自变量无误差的假设是无法满足的，显然，对自变量的测量不可避免地含有误差项。结构方程模型能够同时接纳自变量和因变量均含有测量误差的假设，对自变量、因变量的误差项也都会纳入到整体的计算模型当中，因此相对更为科学。

（三）能够估算整个模型的拟合程度

在传统的回归方程或路径分析中，只能够估算每一路径（变量间关系）的强弱，无法对整体的拟合程度做出评判。结构方程模型不仅可以计算每一路径系数，还可以充分运算给出一系列的拟合优度指数，用以评判整个模型的拟合优劣。

基于以上的一些优点考量，在进行变量间的关系分析时，更推荐使用结构方程模型而非传统的回归方程。实际上，从定量分析技术的进步与更新角度来讲，结构方程模型可以被视作传统回归方程的更新迭代产品，因而更具适应性与生命力。

二 结构方程模型简介

结构方程模型（Structural Equation Model）简称 SEM，自 20 世纪 80 年代以来迅速发展，弥补了传统统计方法的不足，成为多元数据分析的重要工具。

（一）结构方程模型代表性著作推荐

当前，市面上有很多详细介绍与探讨结构方程模型的专著，比较有代表性的有侯杰泰等人的《结构方程模型及其应用》、吴明隆的《结构方程模型：AMOS 的操作与应用》、邱皓政等人的《结构方程模型的原理与应用》、王卫东的《结构方程模型原理与应用》。

本书对结构方程模型的介绍，重心在于实际应用，而并不会过多地纠缠于背后复杂的统计运算与公式推导本身。客观地讲，作为一种相对复杂而专业的分析技术，结构方程模型分析也远非几句话可以讲完的，需要综合借鉴上述代表性的著作以及在实战中不断积累经验，分析水平才能得以持续提升。

（二）结构方程模型的基本概念

结构方程模型也称为结构方程分析，是基于变量的协方差矩阵（Covariance Matrix）来分析变量之间关系的一种定量方法技术。结构方程模型由两个基本的部分构成：测量方程、结构方程。

1. 测量方程（Measurement Equation）

测量方程拟解决的问题是：指标与潜变量之间的关系。实际上，本书中之前介绍的验证性因子分析（CFA）就是测量方程的具体应用。换言之，验证性因子分析（CFA）是结构方程模型的特例，即是其中的测量方程。测量方程的表达式及符号说明详见式 8 – 3、式 8 – 4、表 8 – 2。[①]

$$x = \Lambda_x \xi + \delta \qquad\qquad 式 8 - 3$$
$$y = \Lambda_y \eta + \varepsilon \qquad\qquad 式 8 - 4$$

表 8 – 2　　　　结构方程模型表达式中的字母符号及其意涵概览

字母	意涵
x	外源指标（exogenous）构成的向量
Λ_x	外源指标与外源潜变量间的关系，也即外源指标在外源潜变量上的因子负荷矩阵
ξ	外源潜变量
δ	外源指标 x 的误差项
y	内生指标（endogenous）构成的向量
Λ_y	内生指标与内生潜变量间的关系，也即内生指标在内生潜变量上的因子负荷矩阵
η	内生潜变量

①　侯杰泰、温忠麟、成子娟：《结构方程模型及其应用》，教育科学出版社 2004 年版，第 14—15 页。

续表

字母	意涵
ε	内生指标 y 的误差项
B	Beta 矩阵，内生潜变量间的效应矩阵（η 因子对 η 因子的效应矩阵）
Γ	Gamma 矩阵，外源潜变量对内生潜变量间的效应矩阵（ξ 因子对 η 因子的效应矩阵）
ζ	结构方程的残差项，是 η 因子在方程中未能被解释的部分

2. 结构方程（Structural Equation）

结构方程拟解决的问题是：潜变量与潜变量之间如何相互影响，也即潜变量间的结构关系究竟如何。这也正是本部分重点探讨的问题。结构方程的表达式及符号说明详见式 8 – 5、表 8 – 2。[①]

$$\eta = B\eta + \Gamma\xi + \zeta \qquad\qquad 式 8 – 5$$

当然，在计算机如此普及的今天，在操作软件层出不穷如此方便的时代，已经不再需要手工进行这些复杂的统计与矩阵运算。通过电脑即可迅速运算出结果，写出以上这些公式并予以简介的目的主要在于加深对基本原理的理解。

（三）结构方程模型的常用图标

结构方程模型能够使用一些特定的图形符号来表达特定的意思，在此方面学界已经进行了共识性的约定。因此需要加以规范使用，而不能随意误用、滥用这些符号。这些常用的图形符号及其具体的意涵详见图 8 – 37。[②]

三 结构方程模型的运算操作

前文已经提及，当前较为常见的结构方程模型分析软件主要有 LIS-

---

① 侯杰泰、温忠麟、成子娟：《结构方程模型及其应用》，教育科学出版社 2004 年版，第 14—15 页。

② 侯杰泰、温忠麟、成子娟：《结构方程模型及其应用》，教育科学出版社 2004 年版，第 19 页。

图　标	含　义
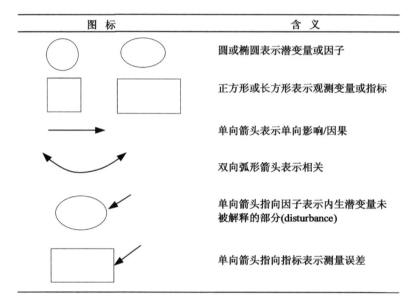	圆或椭圆表示潜变量或因子
	正方形或长方形表示观测变量或指标
	单向箭头表示单向影响/因果
	双向弧形箭头表示相关
	单向箭头指向因子表示内生潜变量未被解释的部分(disturbance)
	单向箭头指向指标表示测量误差

图8-37　结构方程模型常用图标及其含义

REL、Amos、Mplus 等。这些分析软件各有所长、各有特点。本书主要使用 Mplus 软件进行有关的运算操作。此处以中国教育追踪调查（CEPS）2013—2014 基线学生数据为例。

假定我们正在进行家庭教育方面的有关研究，议题是父母陪伴之于子女学业获得的重要性。通过相关理论与已有文献推演形成了如下的待检思路，即父母陪伴能够通过如下机制对子女学业获得产生影响：父母陪伴→情绪状态→学习态度→学业获得。对这一效应机制（结构关系）的验证回答，就需要采用结构方程模型。主要的操作步骤如下。

（一）运用 SPSS 进行数据预处理

首先需要新建一个专门用于本次分析的 SPSS 数据库，这个数据库当中仅含有本次待分析的所有题项与变量。文件名称（.sav 文件）以字母命名（英文或拼音均可），但不能使用中文。因为 Mplus 是一款纯英文软件，无法识别汉字。

在本例中，新建的 SPSS 数据库命名为"PB_ RZCJ6.21.sav"，它包含了所有的变量及其题项：ZPBL、ZPBC、ZPBInt、Za1801、Za1802、Za1803、Za1804、Za1805、Za1201、Za1202、Za1203、CJNomiss、RZNomiss。共计 13 道题项。

其中，父母陪伴潜变量由 ZPBL、ZPBC、ZPBInt 共计 3 道题构成；负面情绪潜变量由 Za1801、Za1802、Za1803、Za1804、Za1805 共计 5 道题构成；学习态度潜变量由 Za1201、Za1202、Za1203 共计 3 道题构成；学业获得潜变量由 CJNomiss、RZNomiss 共计 2 道题构成。以上这些题项全部都经过了 Z 分数转换处理。

（二）运用 N2Mplus 进行数据格式转换

以上数据文件"PB_ RZCJ6. 21. sav"并不能直接使用，需要运用小程序软件 N2Mplus 进行格式转换，转换后的数据格式为. DAT。尽管转换操作在之前的 CFA 分析中已经有所涉及，但为了体现操作步骤上的完整性，此处再针对本例予以详细介绍，以便加深印象。

如图 8 - 38 所示。打开 N2Mplus，点击"Step 1：Select Source Data File"当中的"Browse"，将上一步骤中预处理好的 SPSS 数据"PB_

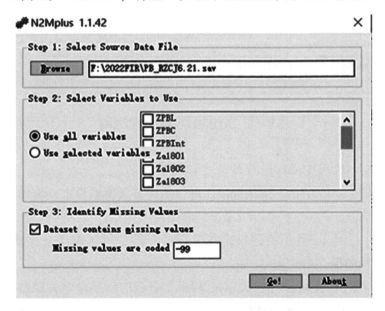

图 8 - 38 运用 N2Mplus 进行数据格式转换示例

RZCJ6. 21. sav"选中。"Step 2：Select Variables to Use"当中默认为"Use all variables"，保持默认即可。"Step 3：Identify Missing Values"当中需要勾选"Dataset contains missing values"，这是缺失值的定义与处理方式——统一将缺失值定义为"-99"。

如图 8-39 所示。上述步骤都设定好之后，点击"GO!"，之后会生成"N2Mplus Output"窗口。点击左下方的"Copy syntax to"，然后点击"OK"，此窗口即自动关闭。此步骤实际上是在剪贴板中留下了一些待复制的结构方程模型分析命令。

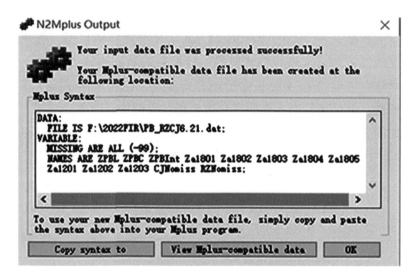

图 8-39　N2Mplus Output **窗口示例**

（三）运用 Mplus 进行结构方程模型设定

如图 8-40 所示。运用 Mplus 进行结构方程模型设定，有如下几点需要说明。

第一，Mplus 中所有的设定与运行命令都是写在 Mptext 文档中的，此种文档的保存格式为"．inp"。

第二，运用 Mplus 进行结构方程模型分析的程序命令关键点主要包括以下五个基本部分：DATA、VARIABLE、ANALYSIS、MODEL、OUT-

```
M Mplus - [PB_RZCJ_FULLsuccess.inp]
 File Edit View Mplus Plot Diagram Window Help
DATA:
  FILE IS F:\2022FIR\PB_RZCJ6.21.dat:
VARIABLE:
  MISSING ARE ALL (-99):
  NAMES ARE ZPBL ZPBC ZPBInt Za1801 Za1802 Za1803 Za1804 Za1805
  Za1201 Za1202 Za1203 CJNomiss RZNomiss:
ANALYSIS:
  BOOTSTRAP=5000:
  ESTIMATOR=ML:
MODEL:
  PB BY ZPBL ZPBC ZPBInt:
  XJQX BY Za1801 Za1802 Za1803 Za1804 Za1805:
  XXTD BY Za1201 Za1202 Za1203:
  XYHD BY CJNomiss RZNomiss:
  XJQX ON PB (a):
  XXTD ON PB (c):
  XYHD ON XJQX (b):
  XYHD ON XXTD (d):
  XYHD ON PB (f):
  XXTD ON XJQX (g):
MODEL INDIRECT:
  XYHD IND XXTD XJQX PB:
MODEL CONSTRAINT:
  new(AGD):
  AGD=a*g*d:
  new(AB):
  AB=a*b:
  new(CD):
  CD=c*d:
  new(CON1):
  CON1=AGD-f:
  new(CON2):
  CON2=AB-CD:
  new(CON3):
  CON3=AGD-AB:
  new(CON4):
  CON4=AGD-CD:
  new(CON5):
  CON5=AB-f:
  new(CON6):
  CON6=CD-f:
OUTPUT:
  CINTERVAL (BCBOOTSTRAP):STANDARDIZED:
```

图 8-40　运用 Mplus 进行全模型设定示例

PUT。此外，还可以写入 MODEL INDIRECT、MODEL CONSTRAINT 这样的附加命令。

第三，勿忘标点符号，每一条命令之后都需要使用冒号，每一条具体的命令完结之后都需要使用分号结尾。具体步骤如下。

1. DATA、VARIABLE 命令

写入 DATA、VARIABLE 命令，这是告诉电脑我们待分析的数据是什么，都有哪些题项。新建一个 Mptext 文档，然后把上一步骤"N2Mplus"预处理好的"Copy syntax to"中的待复制命令粘贴复制到新建文档中，成功复制之后会看到 DATA、VARIABLE 两部分命令都已写入。

2. ANALYSIS 命令

写入 ANALYSIS 命令：ESTIMATOR = ML。这是告诉电脑我们的统计估算方法是什么。ML 即最大似然估计（Maximum Likelihood），它是一种较为常用的估算方法。

另外，还可以根据有关需要选择性地写入 BOOTSTRAP 命令。Boot-strap 法是一种从样本中重复取样的方法，也即通过把一个固定的样本当作总体，进行重复取样。大量重复样本的内在变异性为参数置信区间的估计提供了实证基础，用 Bootstrap 法得到的参数分布能够完全获得取样的变异性，即使数据非正态，用 Bootstrap 法得到的参数区间估计也往往优于其他方法得到的区间估计。[①] 在本例中，写入了"BOOTSTRAP = 5000"的命令，意为采用偏差校正百分位 Bootstrap 法重复抽样 5000 次来完成参数估计。

3. MODEL 命令

写入 MODEL 命令，这是告诉电脑我们需要分析的结构方程模型在理论上是如何设定的，题项与维度因子是如何归属的，潜变量之间是怎样的待检关系。

题项与维度因子是如何归属的，其命令句式用"BY"连接，具体为"因子维度（潜变量）BY 题项"。在本例中，父母陪伴潜变量（PB）其测量题项为"ZPBL""ZPBC""ZPBInt"共计 3 题，其命令句式即为：PB BY ZPBL ZPBC ZPBInt。其他同类问题的命令如法炮制。

潜变量（维度因子）之间的待检结构关系，其命令句式用"ON"

---

① 温忠麟、刘红云：《中介效应和调节效应：方法及应用》，教育科学出版社 2020 年版，第 89 页。

连接，具体为"潜变量（维度因子）甲 ON 潜变量（维度因子）乙"。例如，父母陪伴对负面情绪的抑制效应路径，其命令句式为"XJQX ON PB（a）"，直译过来就是"负面情绪经由父母陪伴的效应"的意思。其后"（a）"表示将这条待检效应路径命名为 a，这是一条选择性的命令，非必需，可以根据需要写入。

"MODEL INDIRECT"是间接路径效应的计算命令。为非必需命令，可以根据需要选择性地写入。其命令句式用"IND"连接，具体为"潜变量（维度因子）甲 IND 潜变量（维度因子）乙 潜变量（维度因子）丙"。在本例中，命令为"XYHD IND XXTD XJQX PB"，意为需要计算"学业获得经由学习态度、负面情绪、父母陪伴的间接效应"。

"MODEL CONSTRAINT"是模型约定命令，也即在常规运算之外，额外新增一些附加参数运算的命令。为非必需命令，可以根据需要选择性地写入。例如，"new（AGD）""AGD = a * g * d"，意为新增 AGD 参数，后一句是对 AGD 参数的定义，也即 AGD 是 agd 三者的乘积。后面的命令都基本与此类似，依此类推，不再一一赘述。

4. OUTPUT 命令

最后，写入 OUTPUT 命令，这是告诉电脑需要输出哪些运算结果。一般最为常用的命令是输入"STANDARDIZED"，意为运算输出一系列的标准化解。在本例中，还输入了"CINTERVAL（BCBOOTSTRAP）"命令。意为通过 Bootstrap 法重复取样来估算置信区间，以便检验参数的稳健性。最后，点击界面中的"RUN"按钮完成"跑"模型。

四　结构方程模型的结果解读

进行结构方程模型全模型运算的目的主要有两点。其一是为了研判模型的适切性，也即模型的整体拟合程度。其二是为了研判潜变量（因子）之间的结构关系，也即它们之间的作用路径及其效应如何。两者之间存在着递进关系。前者是基础，如果模型的整体拟合欠佳，那么后者就没有多大实质意义。只有在前者拟合良好的情况下，才能进一步讨论后者的路径结构及其效应问题。

（一）模型拟合指数

首先来看模型的整体拟合指数。结构方程模型的整体拟合指数也称为拟合优度指数（Goodness of Fit Statistics），简称拟合指数。关于结构方程模型的拟合指数，很多统计学家开发了诸多不同的拟合指数。其中，较常使用的主要有如下三个。

RMSEA（Root Mean Square Error of Approximation，近似残差均方根）、NNFI（Non – Normed Fit Index，非常态拟合指数）、CFI（Comparative Fit Index，相对拟合指数）。一般认为，如果 RMSEA 在 0.08 以下（越小越好），NNFI 和 CFI 在 0.90 以上（越大越好），所拟合的模型是一个"好"模型。[①] 另外，还需要指出的是，NNFI 还有其他不同的说法——TLI（Tucker – Lewis Index），和 NNFI 在内涵上是同一个指标。

Mplus 所有的运算结果都会出现在一个自动生成的".out"文件当中。在这个文件中，找到"MODEL FIT INFORMATION"，即模型拟合指数的一系列运算结果。在本例中，如图 8 – 41 所示。RMSEA = 0.045，小于 0.08 临界值。TLI = 0.947、CFI = 0.960，两个指标均高于 0.90 临界值。此结果说明，本例中的待检模型成立，拟合良好。但这尚不充分，还需要结合路径分析及其效应进行综合研判。

（二）潜变量间的作用路径及其效应

在 Mplus 的结构方程模型运算结果中，主要会提供原始解（MODEL RESULTS）、部分标准化解（STDY Standardization、STD Standardization）、完全标准化解（STDYX Standardization）。在结果的读取与报告中，一般选取完全标准化解。因此，后文 Mplus 运算结果的示例中，如无特别说明，均是指完全标准化解。

1. 因子间的效应矩阵

如图 8 – 42 所示，所有"BY"连接的都是因子负荷矩阵（包括其显著性），这个之前在 CFA 分析中已有详解说明，此处不再赘述。所有

---

① 侯杰泰、温忠麟、成子娟：《结构方程模型及其应用》，教育科学出版社 2004 年版，第 45 页。

```
MODEL FIT INFORMATION

Number of Free Parameters                    45

Loglikelihood

        H0 Value                       -281961.363
        H1 Value                       -280939.913

Information Criteria

        Akaike (AIC)                    564012.726
        Bayesian (BIC)                  564359.990
        Sample-Size Adjusted BIC        564216.983
          (n* = (n + 2) / 24)

Chi-Square Test of Model Fit

        Value                            2042.900
        Degrees of Freedom                     59
        P-Value                            0.0000

RMSEA (Root Mean Square Error Of Approximation)

        Estimate                           0.045
        90 Percent C.I.                    0.043   0.047
        Probability RMSEA <= .05           1.000

CFI/TLI

        CFI                                0.960
        TLI                                0.947

Chi-Square Test of Model Fit for the Baseline Model

        Value                           49900.770
        Degrees of Freedom                     78
        P-Value                            0.0000

SRMR (Standardized Root Mean Square Residual)

        Value                              0.028
```

图 8 - 41　结构方程模型拟合指数运算结果示例

"ON" 连接的都是路径效应矩阵（包括其显著性）。在本例中，父母陪伴对子女负面情绪的效应值为 -0.249（$P < 0.0001$），其他依此类推。

2. 间接效应矩阵

如图 8 - 43 所示，该部分主要展现的是间接效应的运算结果。其中，"Sum of indirect" 显示的是总间接效应，本例为 0.006（$P < 0.0001$）。这里需要说明的是，总路径效应是各个分路径效应的乘积，

```
STANDARDIZED MODEL RESULTS

STDYX Standardization

                                                   Two-Tailed
                       Estimate      S.E.   Est./S.E.  P-Value

PB        BY
   ZPBL             0.529      0.010    54.569     0.000
   ZPBC             0.647      0.010    65.859     0.000
   ZPBINT           0.593      0.011    56.350     0.000

XJQX      BY
   ZA1801           0.753      0.005   138.529     0.000
   ZA1802           0.777      0.005   149.904     0.000
   ZA1803           0.752      0.005   143.966     0.000
   ZA1804           0.647      0.007    92.920     0.000
   ZA1805           0.624      0.007    83.952     0.000

XXTD      BY
   ZA1201           0.535      0.009    61.009     0.000
   ZA1202           0.800      0.008    96.958     0.000
   ZA1203           0.666      0.009    75.460     0.000

XYHD      BY
   CJNOMISS         0.622      0.038    16.472     0.000
   RZNOMISS         0.534      0.033    16.335     0.000

XJQX      ON
   PB              -0.249      0.011   -22.053     0.000

XXTD      ON
   PB               0.227      0.012    18.526     0.000
   XJQX            -0.121      0.011   -10.801     0.000

XYHD      ON
   XJQX            -0.055      0.013    -4.282     0.000
   XXTD             0.199      0.020     9.999     0.000
   PB               0.134      0.028     4.835     0.000
```

图 8 - 42　Mplus 全模型运算结果示例一

```
STANDARDIZED TOTAL, TOTAL INDIRECT, SPECIFIC INDIRECT, AND DIRECT EFFECTS

STDYX Standardization

                                           Two-Tailed
                 Estimate    S.E.   Est./S.E.  P-Value

Effects from PB to XYHD

   Sum of indirect   0.006    0.001    7.002     0.000

   Specific indirect 1
     XYHD
     XXTD
     XJQX
     PB              0.006    0.001    7.002     0.000
```

图 8 - 43　Mplus 全模型运算结果示例二

由于路径系数都是小数，小数的乘积只会越乘越小，因而总路径效应值看起来会比较小，也属正常现象，关键是要达到 P 值显著性。

另外，特定的间接路径效应可以在"MODEL INDIRECT"中自行设定。本例中，由于设定的"XYHD IND XXTD XJQX PB"本身即总效应，因而和上面的总效应值是相同的。实际上，研究者还可以根据自身需求，自主设定一些需要观察的待检间接效应路径。

3. Bootstrap 参数稳健性检验结果

Bootstrap 法的目的在于通过电脑反复的随机抽样获得大量样本并计算其参数，对这些参数在一定置信区间内（如 95% ）的分布进行稳健性（稳定性）检验。一般来讲，如果在置信区间内不包含 0，则认为具有稳健性。

在本例中，如图 8 – 44 所示，"New/Additional Parameters"即对"MODEL CONSTRAINT"中设定的额外新增参数的 Bootstrap 估计。例如，路径系数 AGD 在下限（Lower 2.5% ）的参数为 0.005，上限（Upper 2.5% ）的参数为 0.009，不包含 0，因此 AGD 路径效应通过了稳健性检验。其他依此类推。

CONFIDENCE INTERVALS OF MODEL RESULTS

	Lower .5%	Lower 2.5%	Lower 5%	Estimate	Upper 5%	Upper 2.5%	Upper .5%
New/Additional Parameters							
AGD	0.004	0.005	0.005	0.007	0.009	0.009	0.010
AB	0.006	0.009	0.010	0.016	0.022	0.023	0.025
CD	0.000	0.035	0.038	0.051	0.065	0.068	0.072
CON1	-0.205	-0.192	-0.185	-0.146	-0.099	-0.088	-0.066
CON2	-0.059	-0.054	-0.051	-0.036	-0.021	-0.019	-0.015
CON3	-0.018	-0.016	-0.015	-0.009	-0.003	-0.001	0.002
CON4	-0.064	-0.059	-0.057	-0.045	-0.033	-0.030	-0.026
CON5	-0.198	-0.185	-0.177	-0.137	-0.089	-0.079	-0.057
CON6	-0.172	-0.156	-0.147	-0.101	-0.044	-0.032	-0.007

图 8 – 44　Mplus 全模型运算结果示例三

4. Mplus 的图形绘制

除了上述一些主要的运算结果之外，Mplus 也提供结构模型的图形绘制功能。具体操作如图 8 – 45 所示，依次点击菜单中的"Diagram""View diagram"，就可以根据设定好的模型绘制出相应的结构图，其文件格式为"．dgm"，如图 8－46 所示。

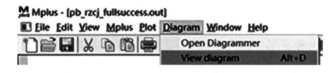

图 8－45　Mplus 图形绘制操作示例

结构图的作用在于更加直观化，但是有一点需要注意的是，在结构图的呈现中，需要在菜单中点击"View"，然后点选完全标准化解"STDYX estimates"，这样结构图才能显示完全标准化解的参数，如图 8－47 所示。

五　结构方程模型的误用滥用问题

当前，随着结构方程模型技术的不断普及，这一方面提升了研究的分析水平，但是另一方面也带来了较为严重的误用滥用问题。不幸的是，结构方程模型的误用滥用问题，在实践中常常被忽视。此处作为本章最后出场的"大轴戏"，特意安排了对结构方程模型误用滥用问题的讨论。

在很多误用滥用的情形中，研究者并非"心中有数"，而是事先并无明确的观察方向，一股脑把一堆变量扔进电脑分析软件，最后等结果出来以后进行"因数作文""看图说话"。更有甚者，通过套路化的成文模式形成了泡沫式的高产："一个因变量、一个自变量再加上一个中介变量和控制/调节变量，而研究者只要换掉其中一个变量可能又会变成一篇新的文章。"[①]

之所以出现这种误用滥用问题的根源在于，结构方程模型在使用中的理论关怀缺失。实际上，理论对经验观察与实证数据具有形塑性、基

---

① "期刊与作者面对面沙龙"综合组：《强化"学－研－刊"联动，助力中国教育实证研究高质量发展——第八届"全国教育实证研究论坛"期刊与作者面对面沙龙成功举办》，2022 年 11 月 5 日，https：//learning.sohu.com/a/603006874_ 121123990，2023 年 7 月 9 日。

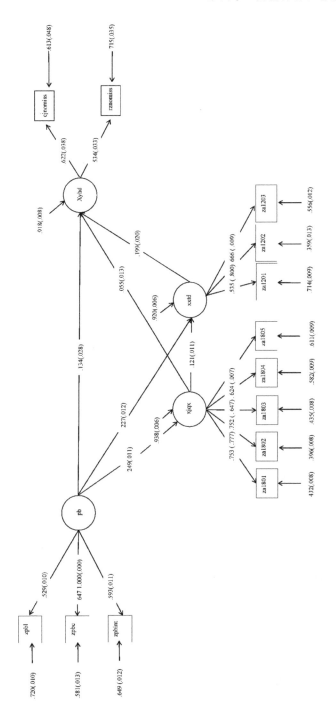

图 8 – 46 Mplus 图形绘制结果示例

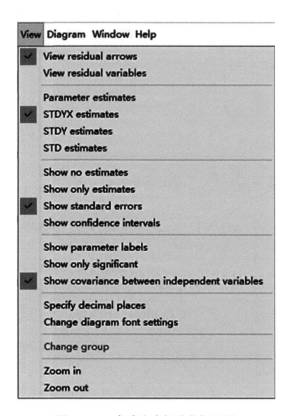

图 8 - 47　点选完全标准化解示例

点性，不存在无方向的经验观察与实证数据。科学的学术研究活动更不
能沦为"无厘头式"的数字游戏，只有在论文的理论框架中详细地阐
明并看清自身的理论支点与脉络，才能真正有效地搜寻实证数据，也才
能有效地整合这些经验材料。①

　　结构方程模型在技术的使用方面，应当重在验证，而非探索。具体
而言，结构方程模型分析的重心应当放在理论验证上，应是自上而下从
理论出发演绎出待检模型，而非自下而上"因数作文"式的归纳——

---

　　① 安静、赵志纯：《教育实证研究中的数字游戏现象省思——兼论理论关怀及其基点性
与归宿性》，《当代教育科学》2020 年第 10 期。

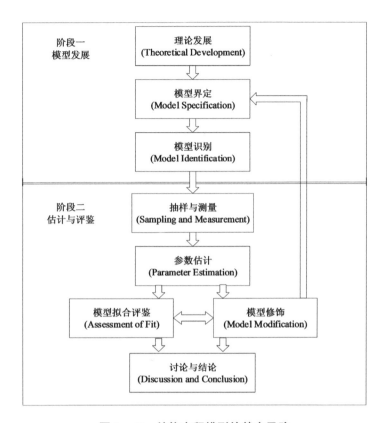

图 8 - 48　结构方程模型的基本思路

漫天撒网式的所谓"自由"探索与变量排列组合。

　　此处，有必要借用邱皓政教授关于结构方程模型的基本思路，如图 8 - 48 所示。① 可以发现，理论处于整个实证研究的最顶端，是实证研究的最高统率。其意在强调结构方程模型的建立必须经过观念的厘清、文献整理与推导或是研究假设的发展等理论性的辩证与演绎过程，最终提出一套有待验证的假设模型。②

———————————

　　① 邱皓政、林碧芳：《结构方程模型的原理与应用》，中国轻工业出版社 2009 年版，第 11 页。

　　② 邱皓政、林碧芳：《结构方程模型的原理与应用》，中国轻工业出版社 2009 年版，第 10 页。

　　总之，有素养的实证研究者必然要具备理论关怀与旨趣，树立理论关怀意识，深刻地理解理论之于实证研究的重要意义，以及实证研究与理论之间无法割舍的脐带关系，并将其落实在论文的理论框架部分与理论讨论部分。

第九章　实证论文的撰写及实证研究的省思与展望

本章的内容主要分为两部分。其一是实证论文的撰写，主要介绍实证论文的基本撰写框架与思路。其二是对近些年国内兴起的"实证热"予以辩证的省思，并且简单介绍一些新兴的定量分析技术。

第一节　实证论文撰写的基本结构与思路

在"台底下"关于某一研究问题进行了大量的实证定量分析之后，最终就需要把这些研究结果"端上台面"。这就涉及实证论文的撰写问题。实际上，在本书第一章的内容当中，已经初步提及实证论文的行文基本结构与思路，主要包括如下九个模块：题目与摘要、引言、文献综述、理论框架、研究方法、研究结果、讨论、结论、参考文献/附录。以下予以具体介绍。

（一）题目与摘要

实证论文的题目方面，题目不宜过大，而是切口要小，以小见大。另外，还要具体，应当有明显的自变量、因变量。摘要方面，实证摘要不讲求辞藻华丽，最主要的是如实报告本研究有什么发现，可以有条理的列举出若干点来。关键词方面，一般5到7个左右，词与词之间使用分号连接，特别强调：不使用顿号、逗号等。

（二）引言/问题的提出

本部分实际上主要回答为什么要做这项而不是别的研究，也即研究的意义价值。一般可从时代背景或有关的政策背景出发来写，也可以从研究问题本身进行切入。关于研究意义，一般可以从理论意义（学理意义）、现实意义两条路径着手。

（三）文献综述

文献综述的撰写已经在本书第三章有较为详细的介绍，此处略作总结与补充。本部分主要是对研究问题的学术史进行全面梳理与分析，指出已有研究的可资借鉴之处与不足，并在此基础上说明本次研究在该问题学术脉络坐标系中的位置。需要指出的是，本部分的内容可以整合纳入上一部分——引言/问题的提出。

（四）理论框架

实证论文中的理论框架也称为理论架构或分析框架，它的主要作用在于较为详尽与系统地阐述开展该实证研究的理论视阈脉络与理论背景（例如论文 A[①]），这部分内容是整个研究的逻辑支点，在整个研究中居于核心统领性的位置。

当然，这部分内容在说法上并不完全统一，有的论文中称为"概念框架（Conceptual Framework）"（例如论文 B[②]），也有的叫做"理论基础（Theoretical Underpinnings）"（例如论文 C[③]），有的论文中该内容则是融合在文献综述中的（例如论文 D[④]）。

---

① Gaines, Rachel E. et al., "Teachers' Emotional Experiences in Professional Development: Where They Come from and What They Can Mean", *Teaching and Teacher Education*, Vol. 77, No. 1, October 2019, p. 53.

② Eren, Altay, Yeşilbursa and Amanda, "Pre–service Teachers' Teaching–specific Hopes and their Motivational Forces: The Roles of Efficacy Beliefs and Possible Selves", *Teaching and Teacher Education*, Vol. 82, No. 6, June 2019, p. 140.

③ Kim, Min Kyu, Xie Kui, Cheng Sheng–Lun, "Building Teacher Competency for Digital Content Evaluation", *Teaching and Teacher Education*, Vol. 66, No. 8, May 2017, p. 309.

④ Li, Yan et al., "Chinese Pre–service Teachers' Beliefs about Hypothetical Children's Social Withdrawal and Aggression: Comparisons across Years of Teacher Education", *Teaching and Teacher Education*, Vol. 71, No. 4, April 2018, p. 366.

总之，理论框架这部分内容尽管在说法上较为多变，在撰写形式上也较为灵活，但无论怎样，理论框架的实质性内涵——清晰而详尽地阐述研究问题的理论背景与学术脉络，充分展现出研究问题的逻辑支点与理论视阈，则是一篇标准意义上的实证研究论文必不可少的核心元素之一。

（五）研究方法

本部分主要较为详细地说明如下三点。

第一，研究设计。主要包括研究的具体实施情况，预研究是如何开展的，正式研究是如何实施的等。

第二，样本情况。通过什么方法进行的抽样，样本的构成情况，一般可以做一些统计表格加以呈现。

第三，研究工具。在实证定量研究中，主要的手段就是问卷/量表，问卷/量表可以使用他人的现有工具，也可以自行开发，但无论哪种情况都需要对问卷/量表加以介绍。如果是量表则还需要报告 CR 值、信度、效度等指标。如果是自行开发的，还需要对预试情况及修订情况做出相应的说明。

（六）研究结果

研究结果主要是指本研究定量化数据分析的重要结果与发现。分条理进行报告，一般由 3 至 5 部分构成。需要注意的是，本部分仅仅在于呈现研究结果与发现（现象），但是一般不做解释（现象的成因）。解释的内容一般放在下一部分进行。

（七）讨论

本部分讨论什么？一言蔽之，就是针对研究结果部分的内容展开现象成因的解释与理论探讨。换言之，是要通过运用有关的理论体系来解释经验现象，同时，通过该研究中所获得的经验现象证据，进一步深化对既有理论体系的认识乃至对既有理论体系作出修正、拓展亦或重构。

反思我国当前公开发表的教育实证研究成果，很多实证研究论文在这部分内容上的确不尽如人意。主要的问题在于，理论讨论部分本应最该受到重视，应当着墨最多。但现实情况则恰好相反，涉及这部分内容的时候，往往在撰写上就变得敷衍与怠慢起来：要么写得三言两语、草草了事，未能深入地在既有理论体系与具体经验现象之间架构出有效对话互通的桥梁；要么干脆用现象解释现象、用表面解释表面，未能真正提升到理论体系的高度；甚至还有些论文干脆连这部分内容都省略了避而不写。

（八）结论

结论部分与研究结果部分之间的区别需要澄清一下。结论部分主要是对本次实证研究的最终发现进行整合与总结，做出一定的反思，并对下一步的研究该如何进行做出展望。而研究结果部分主要是一些具体的定量分析内容。

（九）参考文献／附录／致谢等

本部分按照规范的格式把参考文献一一列出。另外，如果有需要的话，还可以写上致谢，一般是感谢对本实证研究有重要贡献的除作者之外的其他辅助者，也可以感谢对论文修改与发表提出重要意见与建议的盲审专家或审稿人等。最后，也可以附上调查问卷／量表等作为附录。但一般在学术期刊中，由于版面紧缺，附录一般省略。

总之，上述各部分的目的在于提供一种基本的框架与思路，为实证论文的撰写提供一个现成可循的方案，但绝非一成不变的机械教条。在实际的实证论文撰写过程中，可以根据具体的情况加以调整，每个部分之间也可以在一定程度上灵活地进行归并与整合。

第二节　图表的规范绘制与解释

除了基本的框架结构之外，在实证论文的撰写中还常常需要通过图表来呈现研究结果，这里很自然地就存在着图表的规范绘制与解释的问题。

一　图表的绘制规范

（一）表格的绘制规范

1. 表号

在同一篇实证论文当中，每一张表格都需要有唯一的表号与之对应，如"表1""表2"等。对于有各个章节的长篇幅实证论文（专著或学位论文），可以按照每一章进行命名，如"表1 - 1""表2 - 1"等。

2. 标题

每一张表格的表号后面都还需要有表标题。标题要能体现表格的核心内容。另外，表号与标题的位置经常被非规范放置。实际上，应该遵循"表上图下"的规则，也即表格的表号与标题位置在表格的上方，而图形的图号与标题位置在图形的下方。

3. 线条

关于表格的线条问题需要区分两种情况。一种情况是学术期刊或学位论文当中，对表格的要求一般是三线表，不能出现竖线，如图9 - 1所示。另一种情况是在一些学术专著中，不同的出版社可能对表格有不同的要求，这个需要具体问题具体分析。

表1　　　本研究的解释变量与被解释变量及其维度、题目、信度系数

变量	原始题号名称	α 系数
非认知能力	w2c2402、w2c2403、w2c2404、0.85	
课堂互动	w2tcha1302、w2tcha1303、0.66	
教师关注	w2b0501 - w2b0509	0.92

图9 - 1　三线表示例

4. 数字

表格内的数字需要注意的事项主要包括：（1）表内数字必须准确无误；（2）一律采用阿拉伯数字；（3）小数的位数保持一致；（4）数字若是"0"，则应填写"0"；（5）无数字则用"—"或"不详"表示。

5. 表注

首先需要说明的是，不一定每个表都需要表注，而是要根据具体的需要确定。如果有需要则应当适时地使用表注，如图9 - 2所示。另外，

如果是应用他人的表格，也可以在表注中加以说明、注明出处。

进入方程的变量 （按重要性次序）	R	R^2	ΔR	F 值	净 F 值	Beta
班主任	0.176	0.031	0.031	45.571	45.571	0.156
教研组长	0.201	0.040	0.009	29.910	13.839	0.088
理科教师	0.215	0.046	0.006	22.896	8.551	0.071
汉族地区教师	0.0227	0.052	0.005	19.274	8.064	0.073
男教师	0.234	0.055	0.003	16.460	4.989	0.062

注：R = 多元相关不数，R^2 = 决定系数（解释量），ΔR = 增加解释量，Beta = 标准化回归系数。

图 9 - 2　表注示例

（二）图形的绘制规范

图形在规范方面，大部分要点都与表格相似。例如，图号、图标题、图注等，使用规范都与表格基本类似。此处再强调一下"表上图下"的位置问题。另外，与表格最大的不同在于，图形需要选择恰当的类型，如饼状图、条形图、折线图等，关键是要适切、恰当，不能牵强滥用。

二　图表的解释

图表讲求的是"图文并茂"。也即不仅需要图表，也需要解释。图表的解释是指数据分析图表绘制出来以后，对其进一步作文字说明，帮助读者进一步理解你绘制该图表所要说明的问题。

解释的原则主要包括：第一，注意对图表中的极值（有代表性的特殊值）进行说明；第二，要挑主要的解释，有重点的解释，不必面面俱到；第三，图表的解释关键要服务于你整体的论点，也即图表是你的坚实证据，所以图表要与你想证明的论点相匹配。

第三节　实证研究的省思与展望

近些年来，随着《教育实证研究华东师范大学行动宣言》的发布①以及"全国教育实证研究论坛"连续多届在华东师范大学的成功举办，这无疑对我国教育实证范式的发展起到了良好的"启蒙"效果②。以我国高等教育学术领域为例，研究表明，近年来实证研究论文比重不断加大，规范研究论文的比重显著下降③。这充分说明在我国教育学界，崇尚实证研究的风气已经逐步形成④。

然而，面对实证热潮，并且尽管本书主题也是在讨论实证分析的研究方法问题，作为本书的最后一部分内容，却仍然需要认真地提醒各位实证研究者，需要辩证、理性、冷静地看待实证定量研究。这么说并非要否定实证方法，也不是打算否定本书，而是知行合一，在对待方法问题上保持必要的严肃与诚实。

一　实证研究的省思

（一）问题："数字游戏"伪实证论文批判

当前，教育实证研究论文可谓雨后春笋般涌现，其中不乏高质量、高水平的上乘之作。但由于学术质量参差不齐，其中也充斥着不少打着实证研究旗号但质量较低的"数字游戏"伪实证论文。

这些质量较低的"数字游戏"伪实证论文的共同特征在于，它们并不真正关注研究的学理性与思想性，而是仅仅听任浅显的数字与变量

---

① 《教育实证研究华东师范大学行动宣言》，《华东师范大学学报》（教育科学版）2017年第3期。

② 赵志纯、安静：《我国实证范式的缘起、本土特征及其之于教育研究的意义——兼论中西实证范式脉络的异同》，《全球教育展望》2018年第8期。

③ 赵志纯、何齐宗、安静、陈富：《中国高等教育学术研究的演变与发展趋势（1980—2019）：基于对六个CSSCI高等教育源刊的大数据分析》，《高等教育研究》2020年第4期。

④ 袁振国：《科学问题与教育学知识增长》，《教育研究》2019年第4期。

的宰制，从而将实证研究简单化与庸俗化，消解了实证研究本应具有的学术深度与内涵。此种"数字游戏"伪实证论文引起了两种后果。

其一，加剧了学术内卷。"数字游戏"伪实证论文能够通过套路化的成文模式，形成泡沫式的高产。"一个因变量、一个自变量再加上一个中介变量和控制/调节变量，而研究者只要换掉其中一个变量可能又会变成一篇新的文章。"① 如此"短平快"的高产模式，对其他真正坐在冷板凳上的研究者造成了巨大的产出速度压力，加剧了学术内卷。

其二，降低了学术品格。"数字游戏"伪实证论文大量地出现在公众面前，用了很复杂的模型，得出了一个近乎常识的浅显结论。此种研究很多都是肤浅的"科学"，很多严格来说只是对一般寻常见识的形式化表述。② 这就大大降低了实证研究本应具备的学术品格，使得部分学者或公众对实证研究产生了"不过如此而已"的误解，甚至对实证研究产生了"不感冒""不欣赏"③ 的态度。

（二）理解：实证研究中定量分析的必然性与合理性

毋庸置疑，在实证研究中，科学地使用统计数字与数学模型有其内在的必然性与合理性。正如美国数学史家莫里斯·克莱因指出的，从最广泛的意义上说，数学是一种精神，一种理性的精神④。

数学不仅在科学推理中具有重要的价值，在科学研究中也起着核心作用，作为理性精神的化身，数学已经渗透到以前由权威、习惯、风俗所统治的领域，而且取代它们成为思想和行动的指南。⑤ 从某种程度来说，现代科学研究（既包括自然科学也包括社会科学）的成功在相当

---

① "期刊与作者面对面沙龙"综合组：《强化"学－研－刊"联动，助力中国教育实证研究高质量发展——第八届"全国教育实证研究论坛"期刊与作者面对面沙龙成功举办》，2022 年 11 月 5 日，https：//learning. sohu. com/a/603006874_ 121123990，2023 年 7 月 9 日。

② 郑永年：《中国的知识重建》，东方出版社 2018 年版，第 26 页。

③ 王竹立：《我为什么不太欣赏教育领域的某些实证研究》，2012 年 9 月 12 日，http：//blog. sina. com. cn/s/blog_ 4bff4c09010147pw. html，2023 年 7 月 13 日。

④ ［美］莫里斯·克莱因：《西方文化中的数学》，张祖贵译，商务印书馆 2013 年版，第 18 页。

⑤ ［美］莫里斯·克莱因：《西方文化中的数学》，张祖贵译，商务印书馆 2013 年版，第 xxii 页。

程度上应归功于其与数学理念、数学方法的深度有机融合。

由于外界的经验现象变动不居并且复杂纷乱，这就决定了它们不易为人的认知所直接地准确把握。因此，需要通过一定的数学方法与手段，将复杂现象转化为具有数字特征的变量，从而有助于在复杂纷乱的现象之中发掘出规律。

正因如此，科学各领域所取得成就的大小取决于它们与数学结合的程度。数学已经给互不关联的事实的干枯骨架注入了生命，使其成了有联系的有机体，并且还将一系列彼此脱节的观察研究纳入科学的实体之中。[①]

总之，应当充分意识到，统计数字与数学模型作为一门既具有基础性又极具应用性的技术工具，显著有力地推动了教育科学研究的精度与深度，促进了教育学科知识的科学性与累积性。

因此，在教育实证研究中合理地运用统计数字与数学模型应当充分受到肯定与鼓励，正如个人并无"完人"，方法也绝无"完法"，每种方法都不可避免地有其自身的局限，某种方法本身存在一定的局限性并不能作为拒斥与否定这种方法的逻辑起点。[②] 至于教育实证研究中的"数字游戏"伪实证论文现象，其问题的深层症结并不在于使用统计数字与数学模型本身。

（三）症结与改进：加强实证研究中的理论关怀

实证研究中"数字游戏"现象蔓延的问题症结究竟何在？尽管原因固然有很多，但从学理上来讲，理论关怀的缺失是导致"数字游戏"伪实证研究泛滥的根本原因。理论关怀的意涵在于，强调在实证研究中，既以理论作为经验观察的出发基点与指导框架，又以进一步型构或修正理论作为经验观察的目标归宿。更进一步讲，理论关怀实质上包括如下两种内涵。

其一，理论关怀强调理论在实证研究中的逻辑基点性与导向性，也

---

① ［美］莫里斯·克莱因：《西方文化中的数学》，张祖贵译，商务印书馆 2013 年版，第 xix 页。

② 赵志纯、安静：《我国实证范式的缘起、本土特征及其之于教育研究的意义——兼论中西实证范式脉络的异同》，《全球教育展望》2018 年第 8 期。

即在搜集经验证据、展开经验观察的整个过程中，理论起着十分关键的框架性与指导性作用，内在地决定着经验观察的可能方向，深度地形塑着经验证据的可能整合。可以毫不夸张地说，理论基点是实证研究得以有意义开展的生命线与"阿基米德点"，脱离了一定的理论基点与框架的经验观察是盲目的，也失去了学理意义。

在科学史上，曾有一些英国皇家科学院的研究员，他们在实证主义的影响下把经验观察放在第一位，他们尽可能详细地记录下观察到的东西，认为自己虽不能归纳为理论，但对别人积累第一手的材料会有用处，也是对科学研究的一种贡献。但是由于他们的经验观察是脱离了相关的理论的，就显得琐碎和杂乱无章，因而对科学研究没有什么真正意义上的帮助①。

事实上，对于学术研究活动而言，不存在"纯粹的"经验观察。对此，批判理性主义、否证主义思想家卡尔·波普尔有着精辟的论证。波普尔在维也纳教书时，有一次，曾向一群学生指示："拿起你们的纸和笔，仔细观察，然后记下观察的结果。"学生们莫不茫然以对，他们问道："你要我们观察什么呢？"波普尔指出，这个例子充分说明观察总是极具选择性的，在观察之前，个人必须预先规定观察的方向和对象。换言之，任何经验观察都必然受一定理论或理论倾向的指引，不受理论框定与形塑的"纯粹"经验观察是根本不存在的。②

因此，对于实证研究而言，再怎么强调理论之于经验证据的基点与形塑作用都不过分。充分强调理论的基点性与指导性，是避免实证研究滑向"数字游戏"的关键所在。

其二，理论关怀强调理论在实证研究中的目标性与归宿性作用，也即展开经验观察、搜集经验证据的最终目标是为了在原有理论支点上，进一步建构新的理论或验证、修正与拓展既有理论。

应当充分意识到，作为学术活动的实证研究，其进行经验观察、搜

---

① 张庆熊：《社会科学的哲学——实证主义、诠释学和维特根斯坦的转型》，复旦大学出版社 2010 年版，第 55 页。

② 黄光国：《社会科学的理路》，中国人民大学出版社 2006 年版，第 116 页。

集经验证据的最终目标是为了在原有理论支点上，进一步建构新的理论或验证、修正与拓展既有理论。从学理性的角度出发，有必要认真反思这样一个问题：与调查公司进行的一般性调查研究相比，作为学者开展的实证研究究竟靠什么来安身立命？

当前，国内外都存在着不少专业性的调查公司，它们主要从事一般性调查研究，例如，美国的兰德公司（RAND Corporation）、麦肯锡公司（McKinsey & Company）、盖洛普咨询公司（Gallup Inc）、中国的零点研究咨询集团等，其业务范围主要包括民意测评、态度评估、就业调查、顾客调查等方面。

它们的调查活动与学者的实证研究存在重叠共性的地方即在于经验证据，也即这些公司所进行的调查研究也是以获取系统的经验证据为重要工作内容的。那么问题在于，与调查公司进行的旨在获取经验证据为目的的一般性调查研究相比，专业学者所进行的实证研究其专业性到底应该体现在哪里，其得以安身立命的专业特色与专业深度究竟是什么？

追根溯源，二者之间本质性的关键分野就在于是否以理论为核心旨趣，也即是否将理论作为自身活动的根本目标与归宿。调查公司进行的一般性调查研究，尽管也以获取经验证据为重要目的，但它们并不需要肩负建构新的理论或修正既有理论的任务，它们突出经验证据并止步于经验观察本身完全是合理的。

但是，作为专业学术活动的实证研究显然不能仅仅止步于此。追求理论旨趣，在原有理论支点上，以进一步形构新的理论或验证、修正与拓展既有理论，这是学者开展的实证研究本质上区别于调查公司的一般性调查研究的根本属性所在，更是学者责无旁贷的安身立命之本。

综上所述，对于实证研究而言，想要充分落实理论关怀，则应当重点加强其理论框架部分以及研究结果的讨论部分。只有充分加强理论关怀，才能从根本上避免实证研究沦为无意义的"数字游戏"，才能真正重塑实证研究的内涵与价值。

二　实证研究的展望

对现代科学尤其是社会科学而言，研究方法的发展在很大程度上能够起到推动整个学科发展的作用，研究方法的落后必然会限制学科的发展。① 因此，突破有关研究方法技术上的瓶颈，将有助于推动学科迈上新台阶。基于这种考量，在本书的最后，将对近些年出现的结构方程模型之外，其他一些重要的方法技术做一些简要的介绍与展望，以期拓宽方法视野、丰富技术思路。

（一）多层线性模型

在教育研究中，解释一个学生的学业成就原因，通常会划分为最基本的两类：一类是自身因素，另一类是环境因素。自身因素包括遗传素质，当然，更重要的还包括个人的努力程度。而环境因素包括家庭、学校、社会等。

如何把这种自身因素与环境因素的效应精准地剥离开来，多层线性模型能够提供很好的解答。当然，这一问题的求解之前也有过其他很多方法的尝试，但总体来讲，解答效果不尽理想。例如，传统的回归方程必须满足个体间随机误差相互独立的假设。但在实际的社会科学研究中，个体间随机误差相互独立的假设却很难满足。众所周知，同一班级的学生由于受相同班级变量的影响，很难保证相互独立。此问题已经困惑了社会科学研究者大约半个世纪。② 直到多层线性模型的提出，才大大地推进了此类问题的研究发展。

多层线性模型（Hierarchical Linear Modeling），常常被学界简称为HLM，是解决多层嵌套结构数据问题的一种线性统计分析方法。什么是嵌套？从学校教育来看，学生是归属于其所在班级的，而班级又是归属于其所在学校的，一个层面归属于另一个更大的层面，这就形成了嵌套。

再比如，从家庭教育来看，学生归属于其家庭，而其家庭又归属于某一地区，这就又形成了嵌套。多层线性模型就是试图要把其中每一个层面上的嵌套效应较为科学而精准地剥离出来，这就是此方法技术要解

① 侯杰泰、温忠麟、成子娟：《结构方程模型及其应用》，教育科学出版社2004年版，第3页。

② 张雷、雷雳、郭伯良：《多层线性模型应用》，教育科学出版社2003年版，第2页。

决的核心问题。

当前，市面上也已经有不少有关多层线性模型的专著，其中，尤以张雷、雷雳、郭伯良三位专家合著的《多层线性模型应用》为代表。对此方法技术感兴趣的读者，可以进一步详细地钻研。

（二）潜在类别模型

在教育实证研究中，经常会遇到大量的类别变量（Categorical Variable）。例如，"性别"是一个二分变量，但它同时也是一个典型的类别变量。再例如，大学专任教师的职称（教授、副教授、讲师、助教）这是一个四分变量，也是一个典型的类别变量。可以说，只要有逻辑分类的地方，就必然存在着类别变量。

潜在类别模型（Latent Class Modeling），常常被学界简称为 LCM。顾名思义，潜在类别模型就是专门处理类别变量的一种定量分析方法。潜变量实际上划分为两类，一类是连续潜变量，另一类是类别潜变量。

本书在之前已经初步介绍了连续潜变量的分析方法，但是，类别潜变量的专门有关方法技术，还需要进一步钻研潜在类别模型的有关著作。当前，市面上也有很多关于类别潜变量的探讨专著。其中，较具代表性的是邱皓政教授的《潜在类别模型的原理与技术》。

（三）追踪研究分析方法

根据时间属性，研究可以划分为横向（横断面）研究与纵向研究两类。包括教育研究在内的整个社会科学研究中，纵向的追踪研究一直以来都十分稀缺。原因在于追踪研究耗时耗力，且成果产出周期较长，因而很多研究者对此望而却步。

然而，追踪研究在社会科学研究中却有着不可替代的特殊地位。原因在于，追踪研究最大的优点是其研究设计可以合理地推论变量之间存在的因果关系。[①] 严格意义上讲，横断面研究都只能算作"准"因果研究，因为在因果推论中需要用到一个关键的变量：时间序列。时间序列在横断面研究中很难被设计与整合进去。

---

① 刘红云、张雷：《追踪数据分析方法及其应用》，教育科学出版社 2005 年版，第 1 页。

追踪研究整合了方差分析、结构方程模型、多层线性模型等方法技术。当前，对追踪研究方法技术进行详细探讨的代表性著作是刘红云教授与张雷合著的《追踪数据分析方法及其应用》。对此感兴趣的学人可以进一步钻研。

在本书的最后，以邱皓政教授的语重心长的观点作结："在高科技挂帅、统计软件大行其道的今日，如果学术研究者不能透析技术后的原理脉络，掌握研究议题下的方法学基础，一味地为分析而分析，那么充其量只是学'匠'，而不能称为学'者'。"[1]

---

[1] 邱皓政：《潜在类别模型的原理与技术》，教育科学出版社 2008 年版，第 2 页。

参考文献

一　中文

（一）著作

陈向明：《质的研究方法与社会科学研究》，教育科学出版社 2000 年版。

侯杰泰、温忠麟、成子娟：《结构方程模型及其应用》，教育科学出版社 2004 年版。

黄光国：《社会科学的理路》，中国人民大学出版社 2006 年版。

刘红云、张雷：《追踪数据分析方法及其应用》，教育科学出版社 2005 年版。

邱皓政：《量化研究与统计分析——SPSS 中文视窗版数据分析范例解析》，重庆大学出版社 2009 年版。

邱皓政、林碧芳：《结构方程模型的原理与应用》，中国轻工业出版社 2009 年版。

邱皓政：《潜在类别模型的原理与技术》，教育科学出版社 2008 年版。

王鉴：《课堂研究概论》，人民教育出版社 2007 年版。

温忠麟、刘红云：《中介效应和调节效应：方法及应用》，教育科学出版社 2020 年版。

吴明隆：《SPSS 统计应用实务》，中国铁道出版社 2000 年版。

吴明隆：《问卷统计分析实务——SPSS 操作与应用》，重庆大学出版社 2010 年版。

《信息与文献　参考文献著录规则》（GB/T 7714—2015），中国标准出版社 2015 年版。

袁方主编：《社会研究方法教程》，北京大学出版社 1997 年版。

张雷、雷雳、郭伯良：《多层线性模型应用》，教育科学出版社 2003
年版。

张庆熊：《社会科学的哲学——实证主义、诠释学和维特根斯坦的转
型》，复旦大学出版社 2010 年版。

赵志纯、安静、伏衡一：《中国教育学术发展研究：多学科比较的视
野》，中国社会科学出版社 2023 年版。

郑永年：《中国的知识重建》，东方出版社 2018 年版。

［美］艾尔·巴比：《社会研究方法》，邱泽奇译，华夏出版社 2005
年版。

［美］美国心理协会编：《APA 格式：国际社会科学学术写作规范手
册》，席仲恩译，重庆大学出版社 2011 年版。

［美］莫里斯·克莱因：《西方文化中的数学》，张祖贵译，商务印书馆
2013 年版。

［美］托马斯·库恩：《科学革命的结构》，金吾伦、胡新和译，北京大
学出版社 2004 年版。

［美］詹姆斯·S.科尔曼：《科尔曼报告》，汪幼枫译，华东师范大学出
版社 2019 年版。

［美］赵志裕、康萤仪：《文化社会心理学》，刘爽译，中国人民大学出
版社 2011 年版。

［英］吉尔德·德兰逊：《社会科学——超越建构论和实在论》，张茂元
译，吉林人民出版社 2005 年版。

　　（二）论文

安静、赵志纯：《教育实证研究中的数字游戏现象省思——兼论理论关
怀及其基点性与归宿性》，《当代教育科学》2020 年第 10 期。

常思亮、欧阳攀园：《专业硕士"差评"学位论文典型特征——基于 H
省 1486 份专家盲审评阅书的分析》，《大学教育科学》2021 年第
6 期。

陈向明：《王小刚为什么不上学了——一位辍学生的个案调查》，《教育

研究与实验》1996 年第 1 期。

华东师范大学：《教育实证研究华东师范大学行动宣言》，《华东师范大学学报》（教育科学版）2017 年第 3 期。

李敏、陈洪捷：《不合格学术型硕士研究生学位论文的典型特征——基于论文抽检专家评阅意见的分析》，《学位与研究生教育》2017 年第 6 期。

王嘉毅、赵志纯：《西部地区中小学教师组织承诺调查研究》，《教育学报》2010 年第 5 期。

熊泽泉、段宇锋：《论文早期下载量可否预测后期被引量？——以图书情报领域期刊为例》，《图书情报知识》2018 年第 4 期。

袁振国：《科学问题与教育学知识增长》，《教育研究》2019 年第 4 期。

赵志纯、安静：《我国实证范式的缘起、本土特征及其之于教育研究的意义——兼论中西实证范式脉络的异同》，《全球教育展望》2018 年第 8 期。

赵志纯、何齐宗、安静、陈富：《中国高等教育学术研究的演变与发展趋势（1980—2019）——基于对六个 CSSCI 高等教育源刊的大数据分析》，《高等教育研究》2020 年第 4 期。

（三）其他

国家统计局政法司：《中华人民共和国统计法》，2009 年 6 月 29 日，http：//www. stats. gov. cn/zjtj/tjfg/tjfl/200906/t20090629_ 8791. html，2022 年 7 月 9 日。

华南师范大学：《李军教授谈如何用英语写作——一位作者、编辑及评阅人的辛酸史》，2019 年 6 月 28 日，http：//gbs. scnu. edu. cn/a/20190628/129. html，2022 年 7 月 4 日。

"期刊与作者面对面沙龙"综合组：《强化"学 – 研 – 刊"联动，助力中国教育实证研究高质量发展——第八届"全国教育实证研究论坛"期刊与作者面对面沙龙成功举办》，2022 年 11 月 5 日，https：//learning. sohu. com/a/603006874_ 121123990，2023 年 7 月 9 日。

王飞：《社会科学不能缺席科技伦理治理》，《中国社会科学报》2022 年

5 月 17 日第 8 版。

王竹立：《我为什么不太欣赏教育领域的某些实证研究》，2012 年 9 月 12 日，http：//blog. sina. com. cn/s/blog _ 4bff4c09010147pw. html，2023 年 7 月 13 日。

姚新中：《科技伦理治理三论》，《中国社会科学报》2022 年 6 月 14 日第 2 版。

中国经济周刊：《妈妈群疯了！上海小学心理健康调研惊现"自杀科普"》，2021 年 11 月 23 日，https：//baijiahao. baidu. com/s？ id = 1717206599268256319&wfr = spider&for = pc，2022 年 7 月 6 日。

中国人民大学中国调查与数据中心：《中国教育追踪调查（CEPS）》，2022 年 6 月 27 日，http：//ceps. ruc. edu. cn/，2022 年 7 月 4 日。

中国学术调查数据资料库：《中国教育追踪调查（2013—2014 学年）基线调查》，2014 年 1 月 3 日，http：//www. cnsda. org/index. php？ r = projects/view&id =72810330，2022 年 9 月 10 日。

中华人民共和国海关总署科技发展司：《中华人民共和国个人信息保护法》，2022 年 3 月 30 日，http：//www. customs. gov. cn/kjs/zcfg73/4265285/index. html，2022 年 7 月 9 日。

二 英文

Irene T. Ho and Kit – Tai Hau，"Australian and Chinese Teacher Efficacy：Similarities and Differences in Personal Instruction，Discipline，Guidance Efficacy and Beliefs in External Determinants"，*Teaching and Teacher Education*，Vol. 20，No. 3，September 2004.

Li，Yan et al.，"Chinese Pre – service Teachers' Beliefs about Hypothetical Children's Social Withdrawal and Aggression：Comparisons across Years of Teacher Education"，*Teaching and Teacher Education*，Vol. 71，No. 4，April 2018.

Kim，Min Kyu，Xie Kui，Cheng，Sheng – Lun，"Building Teacher Competency for Digital Content Evaluation"，*Teaching and Teacher Education*，

Vol. 66, No. 8, May 2017.

Gaines, Rachel E et al. , "Teachers' Emotional Experiences in Professional Development: Where They Come from and What They Can Mean", *Teaching and Teacher Education*, Vol. 77, No. 1, October 2019.

Eren, Altay, Yeşilbursa and Amanda, "Pre - service Teachers' Teaching - specific Hopes and Their Motivational Forces: The Roles of Efficacy Beliefs and Possible Selves", *Teaching and Teacher Education*, Vol. 82, No. 6, June 2019.

后　　记

　　哲学家罗素在其著作《西方哲学史》的美国版序言中如此写道："目前已经有不少部哲学史了，我的目的并不是要仅仅在它们之中再加上一部。"在此，笔者也想借用罗素的这句话：目前已经有不少本教育研究方法著作了，我的目的并不是要仅仅在它们之中再加上一本。这么讲，并非要不知天高地厚地比肩罗素，而是欣赏其颇负责任的认真写作态度。拙作虽然水平有限，但是写作态度绝对算得上认真。

　　2009 年的秋天，那时候我正在西北师范大学读博士，开始萌生了写一本教育研究方法专著的想法。但毕竟功力浅薄，难以驾驭，迟迟无从下笔。看来尚需一段漫长的累积时日。然而，这一段漫长的累积过程，时间一晃儿竟然就是十几年过去了。

　　2022 年 7 月 2 日早上 10 点 28 分（根据文档中的时间记录显示），我也不知道是什么原因，也或许是一时冲动，竟然开始动笔写起了这本拙作，直到 2023 年 7 月 16 日早上 9 点 19 分初稿完成（根据文档中的时间记录显示）。

　　定量统计下来，写作也已历时一年多，准确地说是 380 天，用时 521 小时，修改保存了共 5058 次。当然，这都是在科研、教学、行政工作之余的夹缝时间当中完成的。期间也有好几次忙得想放弃，但是又觉得既然动笔了再搁下未免有点儿可惜，这才强迫自己坚持了下来。

　　如今，拙作付梓在即，这算得上是了却了多年的一个不大不小的心愿，心里面或多或少地增添了一丝踏实。常言道："没有岁月静好，不过是有人在替你负重前行。"人都是活在网际结构中的，个人所取得的哪怕是一点儿小小的成果，其实都是在很多人的影响和帮助下才得以完成的。

我首先要感谢父母，感激他们的养育之恩，在这里我想借用歌手李春波《一封家书》中的一句歌词予以表达："以前儿子不太听话，现在懂事他长大了。"

特别敬谢授业恩师王嘉毅教授，正是他的点滴浇灌，深深影响着我如何做人、做事、做学问。感谢我学术上的启蒙恩师吕国光教授，是他使我从大学时代起，就立下了以学术为业的志向。

还要感谢江西师范大学教育学原理方向的研究生王培琳，她在书稿的格式修改与校对方面承担了大量细致的工作。另外，院学科秘书赵思媛以及本人的几位研究生——教育学原理方向的陈昌、王肇怡、罗鑫、叶新宇，他们几位不仅在书稿的图表上给予了大力协助，还帮我分担了很多校对与格式调整工作，在此一并致以诚挚谢意。另外，还得感谢这十多年来，认真听我授课的每一位学子。所谓教学相长，正是他们渴求知识的一双双眼睛盯着我，愿意耐心地听我讲做研究的"故事"，才有了今天这本拙作的问世。

最后，我要感谢我的爱人安静。她既是本书的第二作者，也是我的博士同学，还是我现在的同事。她很聪慧、总是富有灵感，常常能在工作与生活中为我带来很有见地的想法。

当然，诚如人无完人，书也无完"书"。尽管在撰写以及校对过程中，我们已经尽了最大的努力，但由于时间精力与学术水平所限，文中可能难免存在不足与问题，敬请各位读者批评指正！

赵志纯

2023 年 7 月于南昌寓所